이민자의 국가 독일,
출산율 회복의 성공모델

남현주

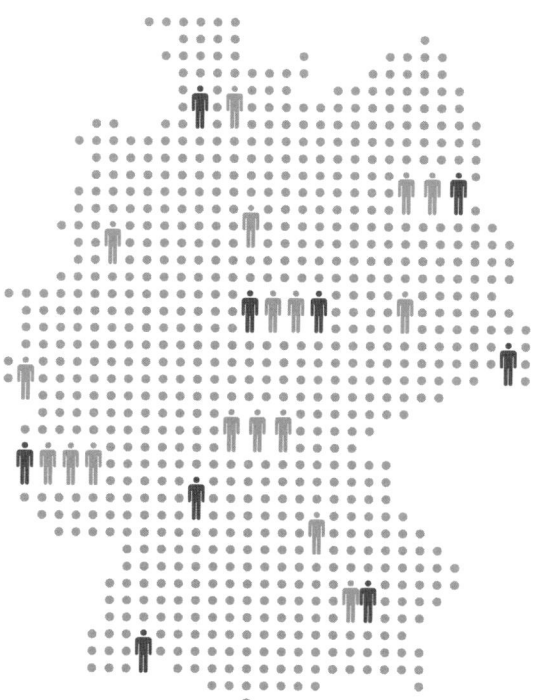

한반도미래인구연구원
Korean Peninsula Population Institute for Future

이민자의 국가 독일, 출산율 회복의 성공모델

1판1쇄 발행 | 2023년 11월 10일

지 은 이 | 남현주
발 행 처 | 한반도미래인구연구원
발 행 인 | 정운찬
편 집 인 | 이인실
책 임 편 집 | 유혜정

등 록 번 호 | 제2023-000227호
주 소 | 08054 서울특별시 강남구 테헤란로 87길 36 도심공항타워 9층
전 화 | 070-7118-2281
홈 페 이 지 | www.kppif.org
E - m a i l | kppif@kppif.org
I S B N | 979-11-984232-1-4 03330
정 가 | 11,000원

◈ 낙장 및 파본 도서는 바꿔 드립니다.
◈ 이 책 내용의 전부 또는 일부를 재사용하려면 반드시 한반도미래인구연구원의 동의를 받아야 합니다.
◈ 이 책의 내용은 저자의 개인적 견해이며 한반도미래인구연구원의 공식 입장이 아님을 밝힙니다.

*제작대행: 와이에치미디어

이민자의 국가 독일,
출산율 회복의 성공모델

남현주

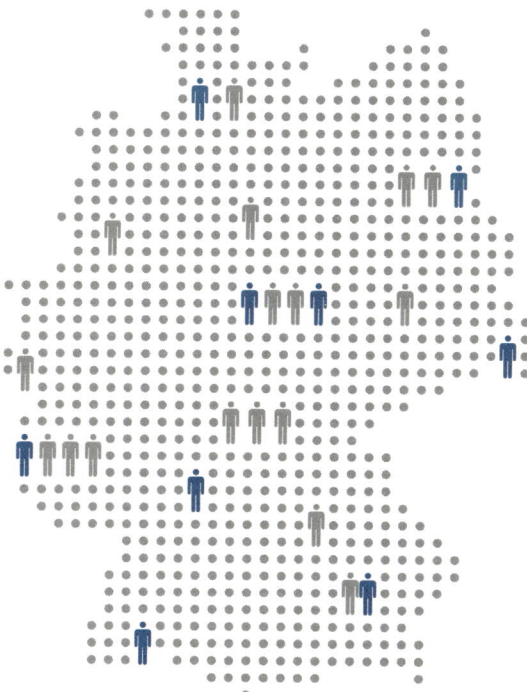

발간사

한국은 전 세계 어느 나라도 경험해보지 못한 합계출산율 0.78명(2022년)을 기록하는 초저출산 국가가 되었다. 한때는 온 나라가 '아들, 딸 구별 말고 둘만 낳아 잘 기르자'는 구호를 외치며 저출산을 독려했지만, 불과 반세기도 못 되어 '인구 붕괴' 국가라는 정반대 현실에 직면하게 되었다.

저출산에 따른 급격한 인구감소가 한국의 경제·사회 각 분야에 가져올 미래는 암울하다. 이미 고용, 교육, 산업, 부동산, 자산, 소득과 복지 등 다양한 분야에서 시스템 붕괴를 알리는 조짐이 나타나고 있다. 한반도미래인구연구원(한미연)이 2,300명을 대상으로 실시한 '결혼·출산에 대한 인식조사' 결과는 충격적이다. 20~39세 미혼 청년 10명 중 4명은 결혼할 의향이 없다. 이들 중 미혼남성의 비혼 응답률은 36.4%, 미혼여성은 50.2%로 성별에 따라 13.8%p나 차이가 났다. 특히 30대 남성의 비혼 응답률은 41.0%, 여성은 56.6%로 젊은 층에서 출산을 기피하는 현상이 만연해 있다.

'인구절벽'의 기울기가 날로 가팔라지며 생산연령인구가 2017년을 정점으로 2030년까지 320만 명이 줄어든다. 노동력 부족은 전 분야에 걸쳐 심각한 지경에 이르러 잠재성장률을 떨어뜨리고 저성장을 고착화시켜 생산과 소비가 모두 감소하는 수순을 밟게 된다. 학령인구가 감소하고 지방소멸이 가속화되어 국가 전체의 역동성이 사라진다. 혁신이 힘들어지고 연금 개혁은 더욱 더 어려워진다. 결국 국력이 약화되어 열강 사이에서 국가생존의 문제마저 야기될 것이다.

문제의 심각성을 인식한 2006년부터 2022년까지 정부는 332조 원 재정지출을 동원해 저출산에 대응해왔다. 문제 원인을 정확히 파악해 해결에 집중하기보다 관련이 있다고 보이는 보육, 주택, 청년 등 저출산과 직·간접적으로 연관되는 부문에 산발적으로 재정을 투입해 왔다. 이제 정부는 근본적이고 종합적인 접근법으로 저출산 문제를 풀어야 한다. 인구변화의 직격탄을 맞고 있는 당사자인 민간, 특히 기업도 나서서 대응방안을 강구해야 한다.

한반도미래인구연구원(한미연)은 한국에 앞서 인구 위기를 겪었고, 인구정책과 기업의 대응에 있어 성공과 실패를 모두 겪었던 국가들의 사례를 시리즈로 소개하고자 한다. 이번 연구에서는 후발산업국가로 제조업과 수출 비중이 높고 이민자의 비율이 높아지고 있다는 점에서 한국과 비슷한 독일 사례를 통해 바람직한 해법을 찾아보고자 한다.

저출산의 배경에는 자녀양육에 대한 경제적·정서적 부담과 일·가정생활 양립의 어려움이 크게 작용한다. 저출산은 정부와 민간이 합심해서 해결해야 하는 절체절명의 과제이다. 독일의 정부와 기업들이 앞장서서 출산·양육 친화 문화 조성으로 저출산 해법을 모색하는 사례는 한국에 시사하는 바가 크다.

인구위기를 겪고 극복해나가는 과정에 있는 개별 국가들마다 다양한 분야에서 인구관련 연구가 축적되어 있다. 독일 사례를 시작으로 프랑스, 일본 등 순차적으로 다양한 국가의 사례를 한국 현실에 맞도록 재해석하고 경제사회적 변화를 유도하는 학제간 연구를 하고자 한다. 특히, 한반도미래인구연구원(한미연)은 기업이 공동체의 일원으로서 인구구조 변화 문제에 힘을 합치고 공동으로 대응할 수 있는 환경조성에 기여할 것이다. 독일 사례를 비롯해 앞으로 출간할 다른 국가들의 사례가 인구구조 변화가 가져올 미래를 준비하고 대응 방안을 모색하는 데 기여하기를 기대한다. 나아가 급변하는 글로벌 환경과 과학기술 및 기후변화 등에 대응해 시의적절한 인구 정책대안을 발굴하여 통일까지 염두에 둔 대한민국의 지속가능한 성장이 이루어지기를 바란다.

2023년 11월
한반도미래인구연구원 원장
이 인 실

목 차

발간사 　 4
들어가는 말 　 10

1장　독일 인구 현황　13

인구 변화 　 14
출산율 변화의 원인 　 16

2장　독일의 인구 및 출산정책　25

가족정책 　 26
가족의 기회와 참여 지원 　 41
이민정책 　 46

3장	기업의 가족친화정책	51
	가족친화 인사정책	53
	아버지 근로자 지원	63
	가족친화기업을 위한 지원 네트워크	65
	가족친화 인증제도	84
	최근 동향	96

4장	독일 사례가 한국에 주는 시사점	99

참고문헌	106
저출산에 대응하는 주요 정책 및 지원 프로그램	110
세계 주요 국가 인구·경제·사회 특성	112

들어가는 말

합계출산율[1]이 1.3명 미만인 국가를 초저출산 국가라고 부른다. 한국은 2001년 합계출산율 1.31명을 기록하면서 이미 초저출산 사회에 진입하였으며, 2018년에는 0.98명까지 감소하면서 OECD국가 중 합계출산율이 1.0명 미만인 유일한 국가가 되었다. 그러나 그 이후에도 합계출산율은 지속적으로 떨어져 결국 2022년 0.78명까지 감소하였으며, 2023년 합계출산율은 0.73명으로 전망된다(통계청, 2023).

프랑스, 독일, 스웨덴 등 선진 복지국가들은 한국보다 일찍 출산율 하락을 경험하였다. 저출산의 원인은 매우 복잡하며 국가마다 해결 방안 또한 다양하다. 그럼에도 불구하고 이들 국가의 출산율이 반등할 수 있었던 공통된 배경에는 일·가정 양립을 목표로 가족을 위한 각종 사회수

1_ 본 사례집에서는 편의상 출산율과 합계출산율을 같은 의미로 사용하였다. 단, 통계수치를 명확히 지칭할 때는 합계출산율로만 표기하였다.

당의 실질화, 남성의 육아참여 활성화, 여성고용률 제고, 보육 인프라 확충 등의 공통된 가족지원 및 노동정책 등이 있다.

독일은 일·가정 양립 정책 외에도 이미 2000년대부터 저출산으로 인한 인구감소의 적극적 대응 방안으로 외국인 유입정책을 시행하고 있다. 2005년부터 시행된 「인구유입의 조절 및 억제 그리고 유럽연합 국민과 외국인의 체류와 통합을 위한 법(Gesetz zur Steuerung und Begrenzung der Zuwanderung und zur Regelung des Aufenthalts und der Intergration von Unionsbürgern und Ausländern – 이하 '이민법')」은 일관되고 체계적으로 외국인 관리를 가능하도록 하였으며 외국인의 통합방안을 포함하는 진일보하고 개혁적인 내용을 포함하였다(이정우, 2013). 이처럼 독일의 이민정책은 난민을 포함한 외국인 수용을 넘어 노동시장 정책, 교육정책 등과도 긴밀히 연계하여 내국인과의 소통과 문화적 교류를 활성화하여 독일 사회에 통합할 수 있도록 하는 것을 목적으로 한다.

독일에서 저출산 문제가 갈수록 심각해지면서 국가 문제로 부상하자 정부뿐 아니라 민간기업도 가족친화적인 인사정책과 근로조건을 제공함으로써 출산율 향상에 기여해야 한다는 사회적 분위기가 형성되었다.

저출산으로 인한 노동력, 특히 전문인력의 감소는 경제성장을 둔화시키는 가장 큰 요인으로 작용할 수밖에 없기 때문이다. 연방 가족·노인·여성·청소년부(Bundesministerium für Familie, Senioren, Frauen und Jugend – 이하 '연방가족부')는 지방자치단체, 기업, 노동계 등과 공동으로 일·가정 양립을 위해 기업의 참여와 협력을 촉진하기 위한 노력을 해오고 있다. 또한 기업들이 가족친화적 조치들을 도입하도록 유인하기 위하여 가족친화기업 인증제도를 실시하고 있다.

이번 사례집에서는 독일의 저출산 대응정책을 고찰하고 정부와 민간기업의 일·가정 양립 정책 및 조치의 내용을 살펴보고자 한다. 우선 독일의 인구 변화와 출산율 변화의 원인을 살펴보고 독일의 인구 및 출산정책과 기업의 가족친화정책의 성공사례를 소개한다. 마지막으로 한국의 인구 및 가족정책과 기업의 가족친화정책에의 시사점을 모색하고자 한다.

1장
독일 인구 현황

- 인구 변화 · 14
- 출산율 변화의 원인 · · · · · · · · · · · · · · · · · 16

01
인구 변화

독일 제국시기인 1871년 4,100만 명이었던 인구수는 1939년 6,930만 명으로 증가했다. 제2차 세계대전 이후 1950년대 초까지 구서독과 구동독 지역의 총 인구는 7,000만 명 미만이었지만 1954년부터 1990년 통일 전까지 구서독과 구동독의 인구는 7,000만 명에서 8,000만 명 사이로 유지되었다. 1990년 초부터 러시아계 독일인들과 전 유고슬라비아 내전으로부터 보호를 요청하는 난민의 이주로 인해 독일 인구는 8,000만 명의 선을 넘기 시작했다. 2019년 현재 8,320만 명의 독일인구 중 약 25%인 2,120만 명이 이주민 출신이다. 이 중 1,110만 명이 출생법(Geburtsrecht)에 따른 독일인이며, 나머지 1,010만 명 중 절반 이상은 출생지주의(Geburtsortprinzip)에 따라 독일국적을 취득하였거나 독일에 정착한 것으로 확인된다(Bujard, 2022a: 20).

[그림 1] 독일 인구수 추이(1850년~2020년) (단위: 만 명)

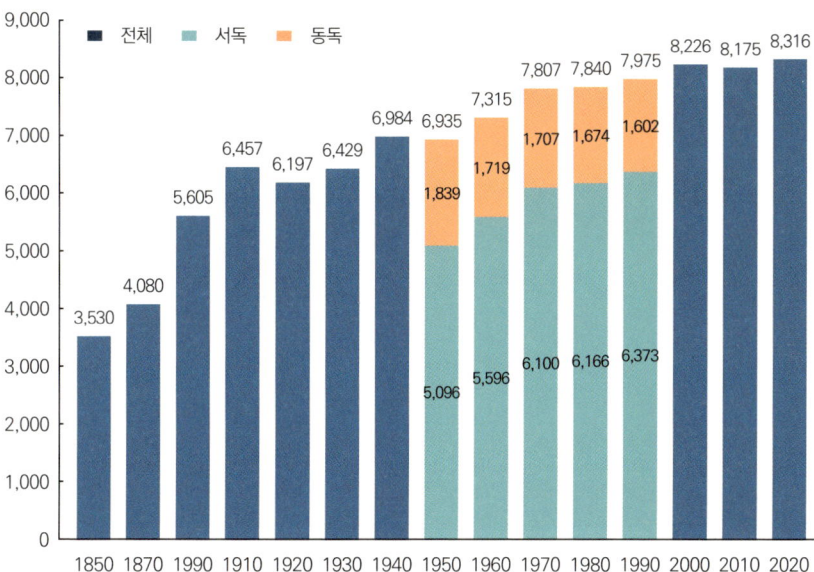

자료: 1) Histat population statistics(1850년~1940년)
　　　2) Statistisches Bundesamt(1950년~2020년)

2022년 말 현재 독일통계청에 따르면 독일 인구수는 약 8,430만 명이다. 인구 규모의 변화는 1990년부터 2020년까지 그리고 2060년까지의 인구추계에서도 일정한 지속성을 보인다(Bujard, 2022b: 11).

02
출산율 변화의 원인

1) 출산율 변화

1950년대 말부터 1960년대 초 구서독과 구동독의 평균 합계출산율은 2.0~2.5명이었다. 같은 시기 미국(3.8명)이나 프랑스(2.9명)의 출산율에 비해 상대적으로 낮긴 했지만 2차 세계대전 이후 독일의 첫 베이비붐 시기였다. 그러나 1960년대 후반부터 구서독의 합계출산율은 1975년 1.5명까지 하락하다가 1985년에는 1.3명으로 지속적인 하락을 보였다. 1975년부터 2015년까지 구서독과 통일 이후 구동독을 포함한 독일 전체의 합계출산율은 1.5명 이하로 유지되었으며 1994년 가장 낮은 수치인 1.2명을 기록했다. 이 시기까지만 하더라도 전 세계 어느 국가도 이렇게 긴 기간 동안 낮은 출산율을 보인 적은 없었다. 특히 구동독은 통일 이후 1994년 합계출산율이 0.8명을 저점으로 미약하지만 꾸준히 증가하여 2006년 구서독 수준인 1.3명에 가까워졌다. 구동독 여성들은 1980년대 평균 22세에 첫 아이를 낳았지만 통일 이후 첫 아이를 낳는 나이가 상당히 늦어져 2019년에는 구동독 여성들의 첫 출산 연령이 29.3세까지 늦춰졌다(Bujard, 2022a: 16; Stiegler, 2006).

독일의 합계출산율은 2006년부터 2015년 사이 1.3명에서 1.5명으로 상승했다. 0.2명의 증가는 작아 보일 수 있지만, 이는 증가 이전에 비해 연간 10만 명이 증가하는 수준이다. 수십 년 동안 유럽에서 최하위의 출산율을 유지하던 독일은 2015년 이후 1.5명에서 1.6명 사이의 합계출산율

[그림 2] **독일 합계출산율 추이(1850년~2022년)** (단위: 명)

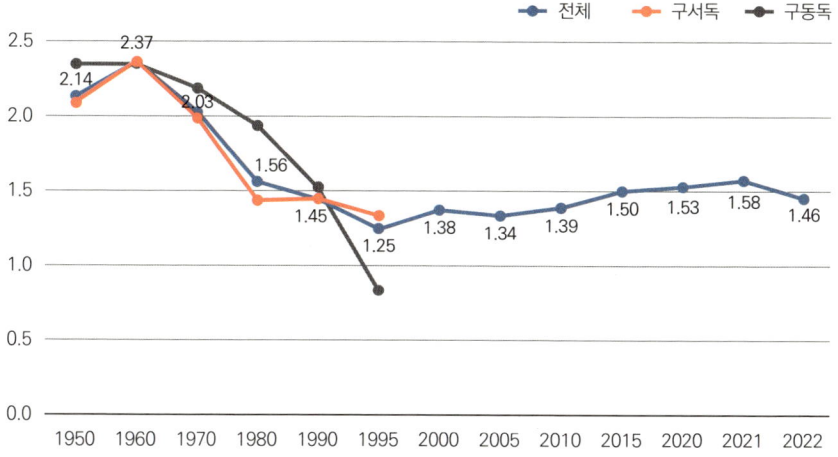

자료: 1) Gapminder Foundation(1950년)
　　 2) Statistisches Bundesamt

을 유지하며 유럽 평균 수준으로 상승하고 있다. 출산율뿐만 아니라 첫 자녀 출산 평균 연령에도 변화가 나타나고 있다. 2009년 첫 자녀 출산 평균 연령은 28.8세였으나 2017년에는 1년이 늦춰진 29.8세로 나타났다(Statistisches Bundesamt, 2019; 2021).

한편 45~49세 여성들 중 무자녀 여성의 비율인 '평생 무자녀 비율'은 2008년부터 2018년 사이 17%에서 21%로 상승했다. 고학력(학사 학위) 이상 여성들이 자녀가 없는 경우가 많지만 같은 기간 고학력 여성들의 평생 무자녀 비율은 약 28%에서 26%로 하락했다. 특히 도시에서 거주하는 45~49세 사이 고학력 여성들의 무자녀 비율이 2018년 33%로 2008년의 38%보다 5%p 낮아졌다(BMFSFJ, 2021: 7).

2) 출산율 저하의 원인

독일은 역사적으로 두 번의 출산감소 시기를 겪었다. 첫 번째 출산 감소는 1870년부터 1920년까지로 이전 시기에 감소한 영유아 및 어린이 사망률의 결과였다. 당시 최소 두 명의 자녀가 성인으로 성장하기 위해서는 네 명 이상의 자녀가 필요했다. 그러나 독일제국(1871년~1918년) 시기 영유아 및 어린이 사망률이 크게 감소하면서 한 여성이 두 명 이상을 출산하는 것만으로도 두 자녀를 유지할 수 있었다. 동시에 콘돔과 나선형 피임기구와 같은 기술이 발달하였으며 이용 가능성도 개선되었다.

또한 원하는 자녀 수에 대한 관점도 변화했다. 특히 교사와 공무원들을 비롯한 교육수준이 높은 사람들 사이에서 세 명 이하의 자녀를 원하는 사람들이 늘어났으며 이와 동시에 자녀교육에 대한 투자도 강화되었다. 첫 번째 출산 감소는 두 번째 출산 감소와 마찬가지로 여성 해방운동과 함께 진행되었는데 교육수준이 높은 계층과 도시에서 먼저 시작되었으며 이후 다른 사회계층에 확산되었다(Bujard, 2022c: 39).

시간이 지남에 따라 자녀의 의미도 변화하였다. 19세기 말과 20세기 중반까지 자녀는 노후보장 및 질병 또는 노후 돌봄과 같은 다른 생활위험에 대한 보장을 위해 필요했다. 그러나 19세기 말 비스마르크 재상의 사회보험 도입으로 사회적 위험을 해결하기 위한 대안으로서의 자녀 필요성은 점차 축소되었다

1960년대 중반쯤 시작된 두 번째 출산 감소 시기에는 자녀가 부모의 노후보장을 위해 더 이상 필요하지 않았다. 또한 농업이나 장인업체의 상속자로서 자녀의 역할도 농업에서 산업이나 서비스 산업 사회로의 전환과 노동시장 변화로 인해 감소하였다. '자녀 가치(Value of Children)' 이론은 20세기 후반부터 경제적인 기능과의 연관성이 낮아졌다. 이후 아이들과 그들의 가치에 대한 동기는 주로 자신의 이름과 유전자 전달, 가치와 교육 전달, 그리고 특정한 사회적 지위라는 것이 주장되고 있다(Bujard, 2022c: 40).

독일의 제2차 출산율 하락의 중요한 요인들은 여성 해방, 경구 피임약

과 스파이럴과 같은 발전된 피임수단이 이전의 피임 방법들보다 훨씬 안전해졌다는 데 있다. 아이를 갖는 것은 삶을 영위하며 결정하는 여러 선택 중 하나가 되었으며, 번식과 성적 행위는 결국 분리되었다. 이 모든 것은 사회적 변화와의 동적 상호작용 속에서 제2차 출산율 하락으로 이어졌다. 개인화, 변화된 성역할, 세속화, 그리고 다양한 생활양식에 대한 관용과 성도덕이 광범위하게 변화한 포괄적인 가치 변화 요인들에 포함된다(Bujard, 2022c: 40).

3) 출산율 증가의 원인

□ 가족정책 패러다임의 변화

출산율 증가의 원인 중 하나는 가족정책 패러다임의 변화이다. 이는 영유아 보육 및 전일제학교(Ganztagsschule)의 확대, 양육의무법(Unter- haltsrecht) 시행 및 소득에 따른 부모수당(Elterngeld) 도입 등을 포함한다. 이러한 패러다임 변화는 (잠재적) 부모들의 변화된 시각과 가정·직업의 더 나은 조화를 원하는 욕구도 반영하고 있다.

가족정책의 패러다임 변화는 2003년 전일제학교와 2004년 유아보육(Kleinkinderbetreuung)의 확대와 함께 시작되었다. 이 무렵 구동독 지역의 어린이 보육시설 비율은 높았지만 구서독은 3세 미만 아동을 위한 보육시설이 거의 없었다. 2013년부터 태어날 아동을 대상으로 하는 키타(Kita)[2] 보육에 대한 법적 보장이 2008년에 결정됨에 따라 키타의 확대가 가속화되었다. 그 결과 2007년 기준 9.8%에 불과했던 구서독 3세 미만 아동의 보육시설이나 육아도우미(Tagesmütter) 이용률이 2019년에는 30.3%로 약 세 배 가까이 증가했다(Bujard, 2022a: 17).

2007년에는 소득에 비례하여 지급하는 부모수당(Elterngeld)도 도입되었다. 부모수당은 수급기간을 3년에서 1년으로 단축하는 대신 이전 모델에 비해 여성 근로자에게 훨씬 유리하도록 설계되었으며 아버지들이 육아휴직을 신청할 수 있도록 동기를 부여했다(2장에서 설명).

보육시설 확대와 부모수당 도입은 출산 후 여성근로자들의 커리어 단절기간을 단축하고 직업과 가정생활의 조화를 향상시켰다. 특히 고학력자들의 출산율이 소폭 상승하였다. 1960년대에 태어난 고학력 여성 중에는 무자녀 비율이 거의 30%에 달했지만, 이들보다 약 10년 이후에 태어난 고학력 여성들의 무자녀 비율은 26%로 감소한 것으로 나타났다(Bujard, 2022a: 17).

□ 이민인구의 증가

이민과 이주는 독일에서 지속적으로 나타나는 현상이다. 이주가 많을수록 대개는 이탈도 많다. '이민'은 종종 국경을 넘어 여러 번의 이사 과

2_ Kita(Kindertagesstätte)는 영유아 보육시설로 교육전문가들에 의해 운영되는 기관으로 6개월 이상 3세 미만을 보육하는 어린이집(Krippe)과 2.5세부터 6세 미만의 아동을 보육하는 유치원(Kindergarten)을 포함하는 개념임.

정을 거쳐야 하기 때문이다. 순이동(Wanderungssaldo)은 이민과 이탈 사이의 차이를 측정한다. 예를 들어 2018년 독일로 이주한 인구는 1,585만 명이었으며, 같은 해 1,185만 명이 이탈하였기 때문에 순이동 인구는 40만 명이었다. 1990년부터 2020년까지 평균 순이동 인구는 연간 약 30만 명 정도였다(Bujard, 2022a: 19).

    2011년부터 2016년까지 출산율 상승의 또 다른 원인은 외국인 인구의 증가와 그들의 출산율에 있다. 이민자들의 출산율은 출신 국가에 따라 매우 다르지만, 1990년 이후 평균적으로 이민 여성 1명당 1.6명에서 2.2명의 아이들을 출산했다. 이 시기에 독일은 시리아, 이라크, 코소보 또는 아프가니스탄과 같은 국가의 난민을 받아들였는데 일반적으로 이들 국가의 출산율은 높다. 그러나 독일로 이민한 비독일 국적 여성의 가장 큰 비율은 폴란드와 같은 유럽 국가에서 왔으며, 해당 국가의 출산율은 독일과 유사하게 낮다(Bujard, 2022a: 20).

    독일에서 '이주배경(Migrationshintergrund)[3]이 있는 사람'은 귀화한 독일인이지만 본인이나 최소한 부모 중 한 명이 외국인일 경우를 말한다. 2021년 현재 독일에 거주하는 이주민 혈통의 약 62%는 유럽 국가 출신이다. 이 중 28개 EU 회원국에서 온 사람들이 약 42%이다. 튀르키예 출신 이민자 수는 약 150만 명으로 가장 많다. 독일에서 태어나 튀르

3_ 이주배경이라는 용어는 2005년 인구조사 당시 독일에 거주하는 사람들의 배경을 조사하기 시작하면서 정치권에서 사용하기 시작함.

키예에 살아본 적 없는 튀르키예 2세와 3세들이 부모의 국적을 따라 튀르키예 국적을 선택함으로써 외국인으로 간주된다. 튀르키예에 이어 폴란드와 시리아 출신의 이주민의 비율이 높다.

이주배경이 있는 인구와 외국인 인구의 출신 국가 비율 간의 차이는 독일에서의 체류 기간으로 설명된다. 대부분의 시리아 출신 및 루마니아 출신 사람들은 최근 몇 년 동안 독일로 이주한 사람들이며, 그 중 소수만이 독일 국적을 보유하고 있기 때문에 이들은 이주배경이 있는 전체 인구보다 외국인 인구에서의 비율이 훨씬 높다. 2021년 기준 이주배경이 있는 인구와 외국인 인구의 비율은 [그림 3]과 같이 10개 주요 출신 국가에 따라 다르게 나타난다(bpb, 2022).

[그림 3] 독일 내 이주배경 및 외국인의 출신 국가별 비중(2021년)

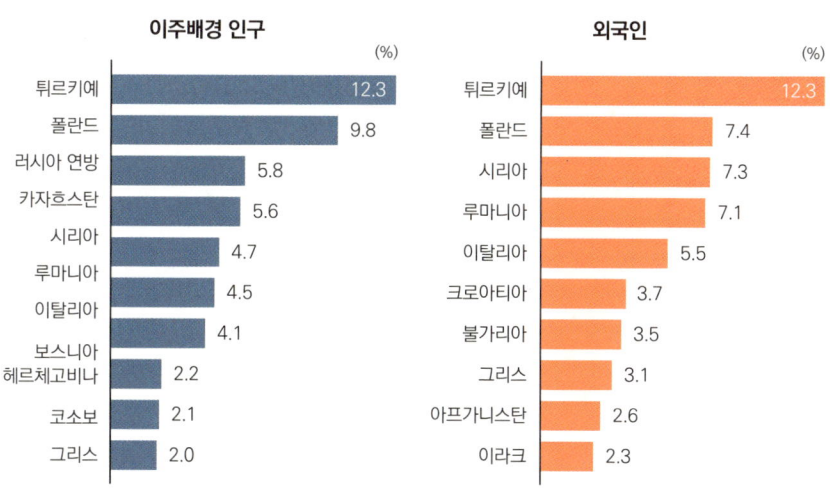

자료: Statistisches Bundesamt, 2023.

2장
독일의 인구 및 출산정책

- 가족정책　　　　　　　　　　26
- 가족의 기회와 참여 지원　　　41
- 이민정책　　　　　　　　　　46

01
가족정책

독일 연방정부의 가족정책 시행의 주체는 연방가족부다. 1953년 가족 관련 부처로 연방가족문제부(Bundesministerium für Familienfrage)가 신설된 이후 명칭은 여러 차례 변경되었는데 1995년부터 지금까지 연방가족부로 유지되고 있다. 독일 가족정책(Familienpolitik)은 가족이 자신의 생활을 자유롭게 설계할 수 있도록 지원하는 것을 목적으로 하며 가정에게 주로 아이와 직업(Beruf)을 위한 시간, 재정적 안정성 및 좋은 보육시설을 기본적으로 제공하기 위하여 노력한다. 특히 연방가족부는 성평등 관점에 입각해서 여성과 남성의 일·가정 양립을 지원함과 동시에 특히 여성이 노동시장에 참여할 수 있도록 경제적 및 제도적 지원을 제공하기 위하여 다양한 제도를 시행하고 있다.

아동양육의 경제적 부담을 덜어주기 위한 가장 대표적인 제도는 아동수당(Kindergeld)이다. 1954년 아동수당을 도입한 이후 지급대상과 금액은 계속 확대되어 왔다. 부모에게 유급의 육아휴직(Erziehungsurlaub)을 보장하기 시작한 시기는 1986년부터이다. 그러나 남성의 육아휴직 신청률은 낮은 수준에 머물렀으며 출산율에도 긍정적인 영향을 주지 못했다는 평가를 받았다. 육아휴직은 2001년 「연방육아수당법」이 개정되면서 '부모시간(Elternzeit)'으로 명칭이 변경되었다. '휴직'에서 '시간'으로 용어를 변경하고 '부모'를 강조한 이유는 육아가 단순한 휴직이 아니라 사회적으로 인정받아야 할 '기여'라는 점과 아버지의 육아참여의 중요성을 강조하기 위함이었다. 그럼에도 불구하고 '양성평등한 육아'라는 목적을 달성하기에는 아버지들의 부모시간 신청률은 여전히 낮았다(남현주, 2020).

2007년 연방정부가 「연방부모수당 및 부모시간법(Bundeselterngeld- und Elternzeitgesetz)」을 제정하면서 육아휴직제도를 전면 개편하였다. 남성육아휴직 할당제도로 남성이 2개월 이상 부모시간을 사용할 경우 육아기간을 추가로 보장하는 '파트너달(Partnermonate)'을 신설하였다.

2013년에는 「연방부모수당 및 부모시간법」을 개정하면서 부모가 보육시설을 이용하지 않고 자녀를 직접 돌볼 경우 양육수당을 지급하기 시작하였다. 그러나 이 제도는 2015년 연방헌법재판소에서 위헌판결을 받고 폐지되었다.

2015년에는 부모수당(Elterngeld)을 보완하는 부모수당플러스

(ElterngeldPlus)와 파트너십보너스(Partnerschaftsbonus)를 추가로 시행하면서 기존의 부모수당은 기초부모수당(Basiselterngeld)으로 명칭을 변경하였다. 부모수당제도는 육아휴직으로 인해 소득활동을 중단함으로써 가족에게 발생하는 기회비용을 감소시켰다. 특히 영유아 보육시설의 확충은 여성이 더 빨리 직장으로 복귀하고 일·가정 양립이 가능하도록 하는데 기여하였다는 평가를 받는다(Dt. Bundestag, 2021).

독일 가족정책의 핵심은 크게 경제적 가족지원급여(Familienleistungen), 보육지원(Kinderbetreuung), 부모시간(Elternzeit)[4]을 통한 일·가정 양립 지원과 임신 및 자녀희망자(Schwangerschaft und Kinderwunsch) 지원으로 구분할 수 있다.

1) 가족지원급여[5]

□ 부모수당(Elterngeld)

부모수당은 「연방부모수당 및 부모시간법」에 근거하여 지급된다. 부모수당은 종전의 출산여성에게만 부여하였던 모성휴가(Mutterschaftsurlaub)를 대체하여 부모 모두에게 자녀양육의 기회를 공동으로 부여

---

[4] 한국에서는 이를 '육아휴직'이라는 용어로 사용하기도 하지만 부와 모가 함께 자녀양육에 참여할 것을 강조하는 의미가 강하기 때문에 이 글에서는 독일어를 직역하여 '부모시간'이라고 함.

[5] 가족지원급여는 최근 내용 위주로 작성하기 위해 주로 독일 연방가족부의 홈페이지를 참고하였음.

하고자 제정되었다. 부모수당은 부모들이 출산 후 일을 하지 않거나 일부 시간 근무로 전환할 때 발생하는 소득 감소를 일정 부분 보상하는 제도이다. 부모수당은 부모들이 자녀와의 유대 관계를 형성하고, 부모들이 자녀를 공평하게 돌보며 가정과 직장 생활을 조화롭게 조정할 수 있도록 돕는 것을 목적으로 한다.

부모수당은 원칙적으로 영유아를 양육하는 부모에게 보편적으로 지급되지만 네 가지 기본 조건이 충족되어야 한다. 첫째, 자녀를 직접 돌보고 양육해야 하며, 둘째, 자녀와 함께 생활하고, 셋째, 생업활동은 전혀 하지 않거나 주 35시간 이하여야 하며, 넷째, 독일에 거주하여야 한다(BMFSFJ, 2022a). 출생 후 아이를 직접 돌보고 주당 최대 32시간 일하는 모든 부모(2021년 9월 1일 이전에 출생한 아이의 경우 주당 최대 30시간)는 부모수당을 받을 수 있다. 여기에는 대학생, 전업 주부(남성 포함), 이전에 출생한 자녀를 돌보기 위하여 일하지 않았던 부모 등이 포함된다. EU회원국 외국인이거나 독일 정부로부터 장기체류를 허가받아 합법적으로 근로가 가능한 다른 국가의 외국인도 부모수당을 신청할 수 있다. 원칙적으로 단기간 체류하는 외국인의 경우 부모수당 청구권은 보장되지 않으나 독일에 3년 이상 거주하고 노동허가를 받아 근무하거나 실업급여를 수급하는 경우에는 단기간 외국인 체류자라도 부모수당을 신청할 수 있다. 부모수당 금액은 자녀 출생 전후 수입 감소 여부에 따라 출생 직전 실질소득의 65~100% 수준이며 출생 전 수입이 없던 부모에게는 월 300유로를 지급한다. 또한 어린 자녀가 2명 이상인 가족은 부모수당의 10%에 해당하는 형제보너스(Geschwisterbonus)가 추가 지급되고 3명 이상의 다자녀일 경우, 셋째부터 한 명마다 300유로를 추가로 받을 수 있다. 부모수당은 기초부모수당(Basiseltergeld), 부모수당플러스(ElterngeldPlus), 파트너십보너스(Partnerschaftsbonus)로 구분되며 필요에 따라 다양한 방식으로 결합하여 수급할 수 있다. 부모수당은 별거 중인 부모들도 신청할 수 있다.

부모가 자녀 양육을 위해 휴직하여 소득이 감소하는 경우, 부부 합산 최대 14개월 동안 기초부모수당을 받을 수 있다. 자녀출생 이후 부 또는 모는 각각 최소 2개월부터 최대 12개월까지 수급기간을 선택할 수 있다. 따라서 부부 중 한 명이 최소 2개월, 다른 한 명이 12개월 휴직 시 총 14개월 동안 기초부모수당을 받을 수 있다. 편부모의 경우 별도의 조건 없이 14개월 수급이 가능하다. 2023년 현재 기초부모수당은 월 300~1,800유로이며 형제보너스는 월 최소 75유로 수준이다.

부모수당플러스는 부모수당 수급기간 동안 주당 32시간 이하의 단시간 근로에 복귀하려는 부모들의 일·가정 양립 강화를 목적으로 한다. 부모수당플러스를 신청한 부모는 월 수령액을 기초부모수당 대비 절반으로 줄여 받는 대신 수급 기간을 두 배로 연장할 수 있다. 2023년 현재 부모수당플러스는 월 150~900유로가 지급된다.

기초부모수당과 부모수당플러스를 모두 수령한 이후에도 부모가 모

[표 1] 부모수당 종류 및 지원내용

부모수당	수급기간	조건	월 지급액
기초부모수당	2~14개월[1]	전일 휴직	300~1,800유로
부모수당플러스	기초부모수당 수급 잔여기간×2	단시간 근로[2]	150~900유로
파트너십보너스	2~4개월	부부가 동시에 단시간 근로	

주: 1) 부부 중 한 명이 최소 2개월 전일휴직 시 14개월 수급 가능
   2) 주 32시간 이하 근로

두 자녀를 돌보기 위해 주당 24~32시간(2021년 9월 1일 이전에 출생 시 25~30시간) 사이의 단시간 근로를 하는 경우, 추가로 부모수당플러스에 해당하는 급여를 파트너십보너스로 받을 수 있다. 파트너십보너스 수급기간은 최소 2개월부터 최대 4개월이다(2021년 9월 1일 이전에 출생 시 4개월 연속으로만 가능). 혼자 자녀를 양육하고 있는 경우에는 두 명의 파트너십보너스를 전액 받을 수 있다. 파트너십보너스는 특히 아버지들의 반응이 좋으며 부모수당플러스를 신청한 아버지 중 파트너십보너스 신청률은 평균 28.4%, 가장 높은 연방주의 경우 42.2%에 달하는 것으로 나타났다(BMFSFJ, 2022a).

□ 아동수당(Kindergeld)

독일 가족급여 중 가장 핵심급여인 아동수당은 「연방아동수당법(Bundeskindergeldgesetz)」에 근거하여 지급된다. 아동수당은 부모의

소득이나 재산과 상관없이 18세 미만의 모든 아동을 위한 보편적 급여이며 아동의 보호자에게 지급된다. 국내 거주하는 소득세 부과대상인 부모는 「소득세법(Einkommenssteuergesetz)」에 따라 조세우대조치를 받는다. 아동수당 지급대상인 아동은 독일 또는 유럽 연합회원국에 거주하여야 한다(예외: 개발도상국봉사자 및 선교사의 자녀).

아동수당 수급권자가 18세 이상 21세 미만인 경우 구직자로 등록되어 있는 실업자 또는 미취업자여야 하며, 18세 이상 25세 미만인 경우 대학교육 또는 직업교육을 받는 학생이어야 한다. 첫 직업교육이나 대학의 학위과정을 마친 후에는 주당 정규 근로시간이 20시간을 초과하지 않는 근로를 하는 경우에만 아동수당이 지급된다. 장애가 있는 아동의 경우 나이와 무관하게 계속 지급받을 수 있다(FBA, 2022). 아동수당은 일반적으로 고용청(Agentur für Arbeit)의 가족보조금사무소(Familienkasse)에서 지급된다. 2023년 아동수당은 아동 한 명당 월 250유로이다.

□ **아동추가보조금과 교육 및 참여 지원(Kinderzuschlag und Leistungen für Bildung und Teilhabe)**

아동추가보조금은 아동의 나이, 부모의 월 소득, 거주 비용 등에 따라 다르게 선정되는 선별급여로 편부모나 소득이 적은 가족을 지원하기 위해 2005년에 도입되었다. 부모가 아동과 함께 거주하며 아동수당을 수급하고 본인 생활을 유지할 수 있는 소득이 있지만 가족을 부양하기에는 부족한 경우 아동추가보조금이 지급된다. 구체적으로 월 소득이 부부의 경우 900유로, 편부모의 경우 600유로를 초과할 수 없고 아동수당, 아동추가보조금 및 주거보조금과 함께 가족을 부양할 능력을 갖추어야 한다. 2023년 현재 아동수당에 추가로 지급될 수 있는 금액은 아동 한 명당 월 최대 250유로이다.

아동추가보조금을 받는 아동 또는 청소년은 교육 및 참여 지원의 혜택을 받을 수 있다. 학교, 주간아동돌봄시설의 소풍 및 여행에 참여할 수 있으며 학년 당 학용품비 174유로, 학생 대중교통비, 학습지원비, 학교와 주간아동돌봄시설의 무료 공동 점심식사, 사회 및 문화활동비 월 15유로 등이 지원된다. 또한 많은 도시나 지방자치단체에서 바우처 및 특별 할인 혜택을 제공하고 있다.

□ 아동긴급추가보조금(Sofortzuschlag für Kinder)

독일 연방정부는 아동기초보장(Kindergrundsicherung)이 시행되기까지 과도기 동안 2022년 7월 1일부터 특정 기준을 충족하는 아동·청소년·청년에게 월 20유로를 지급하기 시작했다. 이 선별급여는 「코로나19 팬데믹 상황에서 사회적 최저생활보장제도의 수급권자에 대한 일시금 지급과 아동긴급추가수당의 규율을 위한 법률안(Entwurf eines Gesetzes zur Regelung eines Sofortzuschlages für Kinder und einer

Einmalzahlung an erwachsene Leistungsberechtigte der sozialen Mindestsicherungsszsteme aus Anlass der COVID-19-Pandemie)」을 근거로 지급된다. 아동·청소년·청년이 사회법전 제2권 또는 제12권 또는 망명신청자급여법(Aszlbewerberleistungsgesetz)에 따라 급여청구권이 있거나 아동추가수당 수급권자인 경우 기존의 급여액에 매월 20유로의 긴급추가보조금을 받을 수 있게 되었다(Bundesregierung, 2022).

□ 모성수당(Mutterschaftsgeld)

모성수당은 「노동·훈련·교육 중인 어머니보호법(Gesetz zum Schutz von Müttern bei der Arbeit, in der Ausbildung und im Studium MuSchG)」에 근거하여 임신 중이거나 젊은 어머니를 보호하기 위하여 취업금지기간 동안 지급되는 현금급여이다. 의사증명서를 보호기간 1주 전부터 발급받을 수 있기 때문에 모성수당은 예상 분만일로부터 7주 전부터 신청할 수 있다. 모성수당은 분만 전후와 분만일을 포함한 보호기간 동안 의료보험기금에서 지급된다. 의료보험기금에서 지급되는 모성수당은 임의 가입 또는 의무 가입한 의료보험가입자 중 급여를 받을 자격이 있는 사람들에게 지급된다. 모성수당의 최대 일일 금액은 13유로이다.

모성수당 뿐 아니라 고용주보조금이 추가로 지급될 수 있다. 평균 세후소득이 하루 13유로를 초과하는 경우(월 평균 순소득 390유로에 해당) 고용주는 이 차액을 모성수당에 추가로 지불하여야 한다. 공적 의료보험에 가입되어 있지 않은 근로자들(예: 민간 의료보험에 가입한 사람이나 공적 가족의료보험에 가입한 여성 등)은 월 최대 210유로의 모성수당을 받을 수 있다. 이에 대한 책임은 연방보험청(Bundesversicherungsamt)의 모성수당부서가 담당한다. 임산부가 출산 휴가 전이나 후에 근로를 완전히 또는 부분적으로 중단해야 할 경우 최소한 평균 소득을 어머니보호소득(Mutterschutzlohn)으로 받을 수 있다. 어머니보호소득은 임신 중인 여성이 직장을 바꾸거나 직무를 변경하는 경우에도 마찬가지로 보장된다(BMFSFJ, 2022b).

☐ **양육비선불금(Unterhaltsvorschuss)**

양육비를 전혀 받지 못하거나 정기적으로 받지 못하는 편부모의 자녀는 양육비선불금을 받을 권리가 있다. 양육비선불금은 편부모의 소득이나 양육비 관련 법원의 판결과 상관없이 지급된다. 양육비 채무자가 부양능력이 있는 경우 국가는 지급한 양육비선불금에 대하여 구상권을 청

[표 2] **양육비선불금 금액**

아동연령	지원금액
5세 이하	월 187유로
6~11세	월 252유로
12~17세	월 338유로

구할 수 있다. 12세까지는 어떠한 시간제약 없이 양육비선불금을 지급받을 수 있다. 12세에서 18세까지의 아동이 양육비선불금을 신청하기 위해서는 사회법전 제2권에 따른 혜택에 의존하지 않거나 편부모가 사회법전 제2권에 따른 급여의 수급자이며 동시에 600유로 이상의 근로소득이 있어야 한다(BMFSFJ, 2020a).

□ 자녀세액공제(Freibeträge für Kinder)

자녀세액공제는 부모가 양육비를 지출하는 데 도움을 주기 위해 도입된 것으로, 부모가 소득세를 납부할 때 자녀에 대한 공제액을 적용받을 수 있다. 일부 부모에게는 자녀세액공제액이 아동수당보다 더 유리할 수 있다. 부모는 소득세를 납부하는 과정에서 아동수당 또는 자녀세액공제 중 하나를 선택할 수 있다. 국세청은 매년 소득세 신고와 함께 부모에게 자녀세액공제와 지급된 아동수당 중 어느 것이 더 유리한지 검토한다. 이 검토과정은 자동으로 이루어지기 때문에 부모가 별도 신청을 할 필요가 없다. 2023년에 자녀세액공제액은 부모 모두에게는 6,024유로이며(부모 한쪽에는 3,012유로), 2024년에는 6,384유로로 상향조정될 예정이다. 자녀 돌봄, 교육 또는 직업훈련을 위해서 추가로 2,928유로의 공제가 인정된다(부모 한쪽에는 1,464유로).

2) 보육지원

독일은 교육(Bildung), 돌봄(Betreuung), 양육(Erziehung)의 세 개념을 연계하여 보육과 교육을 진행하며 아동이 0세부터 초등교육을 마칠 때까지 이루어진다. 이러한 보육 서비스는 아동주간보호기관(Kindertageseinrichtungen)에서 제공하는데 초등학교에 진학하기 전까지의 아동뿐 아니라 초등학교 진학 후 아동에게도 학교교육 외 다양한 서비스를 제공한다. 독일이 보육시설을 적극적으로 확대하기 시작한 것은 2004년 「주간돌봄확장법(Tagesbetreuungsausbaugesetz)」이 시행되면서 부터라고 할 수 있다.

2008년에는 「아동보육기관 확대를 위한 연방재정지원법(Gesetz über Finanzhilfen des Bundes zum Ausbau der Tagesbetreuung für Kinder)」과 「아동촉진법(Kinderförderungsgesetz)」이 시행되면서부터 3세 미만 어린이들의 필요에 맞는 고품질 교육프로그램을 확대할 수 있는 기반이 마련되었다. 보육서비스의 다양성 유지를 위하여 아동주간돌봄(Kindertagespflege)도 강화됐다. 연방정부는 키타의 활성화를 촉진하기 위하여 2008년 첫 번째 투자 프로그램을 시작하였다. 처음 시작한 세 개의 투자 프로그램에서 독일 연방정부는 총 32.8억 유로를 투자하여 3세 미만 어린이를 위한 보육시설을 확충하였다. 이 사업으로 인하여 아동주간보호기관 및 아동주간돌봄에 56만 명 이상의 보육일자리가 확보

[표 3] 보육시설 유형

유형	세부사항
어린이집 (Krippe)	- 3세 미만 아동 대상 주간돌봄시설 - 이용시간은 유동적이며 주로 하루 7시간 이용
아동주간돌봄	- 일일엄마(Tagesmutter) 또는 일일아빠(Tagesvater)가 자신의 가정이나 별도의 임차 공간 또는 아동의 부모의 가정에서 최대 5명의 아이를 돌보는 서비스 - 주마다 규정이 다르며 청소년국(Jugendamt)의 허가 필요
키타 (Kita)	- 아동주간보육시설(Kindertagesstätte)의 줄임말 - 어린이집(Kinderkrippe, 0~3세 아동 이용)과 유치원(Kindergarten, 3세~초등학교 입학전 아동 이용), 방과 후 시설(Hort, 초등학생~14세 아동 이용)을 통칭하는 보육기관

되었다. 네 번째와 다섯 번째 투자 프로그램의 자금으로는 학교 입학 전까지 어린이를 위하여 19만 개의 자리를 추가로 마련할 예정이다.

2013년 8월 1일부터 1세 이상 아동에게 보육서비스를 받을 권리가 법적으로 보장되었다. 아동이 거주하는 지방자치단체가 아동의 보육권리를 보장하지 못할 경우 부모는 그에 상응하는 보상을 받을 권리를 갖는다.

전국 평균 보육비율은 2008년 17.6%에서 2020년 35%로 거의 2배로 상승하였지만 유아 돌봄에 대한 수요는 여전히 높다. 3세 미만의 아동이 있는 부모 중 49% 이상이 자녀를 위한 보육시설을 필요로 한다.

3) 일·가정 양립지원 – 부모시간

부모는 각자 자녀 돌봄 및 양육을 위해 최대 3년의 부모시간을 활용할 권리가 있다. 부와 모가 동시에 부모시간을 이용할 경우 주간 최대 64시간(각각 32시간) 근로할 수 있다. 부모는 자녀가 3~8세까지의 기간 동안 24개월의 부모시간을 고용주의 동의 없이 신청할 수 있다. 그러나 부와 모가 자신의 전체 부모시간을 세 번 이상의 기간으로 분할하여 사용할 경우 고용주의 동의가 필요하다. 또한 분할한 세 번째 부모시간이 자녀의 3세 생일과 8세 생일 사이에 해당되는 경우 고용주는 긴요한 사업적 이유가 있는 경우 세 번째 부모시간을 거부할 수 있다.

부모시간 중인 부모는 이 기간 동안 고용관계가 유지되며 해고로부터 보호받는다. 부모시간이 종료된 후에는 이전의 근무시간으로 복귀할 수 있는 권리가 보장된다. 즉, 부모시간 동안 고용관계는 단지 일시적으로 중단되는 것이며, 부모시간 종료시 근로계약 조건에 따라 재고용되어야 한다. 해고보호는 부모시간 시작 8주 전부터 아이가 3세가 되기까지 적용된다. 부모시간을 자녀의 3세부터 8세까지 기간 동안 신청한 부모는 부모시간 시작 전 14주부터 해고로부터 보호받는다. 특별한 사정이 있는 경우에 한하여 해고가 허용될 수 있으나, 해고 허용 여부는 고용보호를 담당하는 주최고행정기관 또는 주최고행정기관이 지정한 기관에 의해 결정된다. 해고보호는 부모시간이 끝나는 시점에 종료된다.

4) 임신 및 자녀희망자 지원

독일 연방가족부는 가족포털을 통해 임신 및 가족형성을 위한 정보를 제공한다. 예비 부모와 불임부부는 독일 연방모자재단(Bundesstiftung Mutter und Kind)을 통해 지원받을 수 있다. 독일 연방가족부의 전문 감독 아래 독일 연방보건교육연구소(Bundeszentrale für gesundheitliche Aufklärung)는 성교육과 임신으로 인한 갈등관리에 도움이 되는 다양한 정보를 제공한다.

독일에는 임신 관련 상담을 제공하는 서비스센터의 밀도가 높다. 성교육, 생식 통제, 가족 계획 및 임신과 관련된 상담은 「임신갈등관리법(Schwangerschaftskonfliktgesetz)」 제2조에 따라 모든 여성과 남성에게 법적으로 보장된다. 상담서비스는 무료이며 익명으로 요청할 수 있다. 상담기관은 관련 홈페이지(www.familienplanung.de)에서 찾을 수 있으며, '임산부 전문 콜센터(Schwangere in Not)'를 통해 임산부 거주지의 상담소로 연결해준다. 연방모자재단의 재정 지원은 임신상담소를 통해 제공된다.

02
가족의 기회와 참여 지원

> 연방가족부에서 제공하는 '가족의 기회와 참여 지원 프로그램(Chancen und Teilhabe für Familien)'은 가족들에게 균등한 기회와 사회참여를 보장하는 프로그램이다. 이 프로그램은 가족들이 교육, 일자리, 보육, 주거 등 다양한 분야에서 필요한 지원과 기회를 받을 수 있도록 돕고, 사회적 참여와 평등을 증진시키는 데 초점을 맞추고 있다.

1) 편부모 또는 별거한 부모 촉진 및 지원

1996년부터 2021년까지 만 18세 미만 자녀를 양육하는 편부모 가정의 수는 130만에서 약 150만으로 증가했다. 만 18세 미만의 약 1,300만 아동 중 18%가 부나 모와 생활하고 있으며, 이런 경우 10가정 중 9가정에서는 어머니와 생활하고 있다.

양육부담경감금(Entlastungsbetrag)은 편부모 가정을 위한 세액 감면 제도로 다양한 사회수당 또는 사회 부조 외의 세액 감면 금액이 2023년 4,260유로로 인상되었으며 두 번째 자녀부터는 240유로씩 추가 감면된다. 또한 양육자가 비양육자로부터 자녀 양육비를 정기적으로 받지 못하거나 아예 받지 못하는 경우 단독 양육 가정을 위해 양육비선불금(Unterhaltsvorschuss)이 지급된다. 경제적 지원뿐만 아니라 가족상담센터의 상담서비스를 무료로 받을 수 있으며 위기에 처한 가정은 익명으로 서비스를 받을 수 있다. 이 밖에도 부모와 자녀들을 위한 부모-자녀센터(Eltern-Kind-Zentren), 가족교육기관, 주민자치센터(Gemeindehaus)를 비롯하여 아동보육시설, 학교 등에서도 상담이 가능하다.

2) 이민가족 지원

현재 독일의 약 800만 가구 중 약 35%인 280만 가구가 이주민 가구이다. 연방가족부는 2017년 5월부터 '견고한 네트워크 - 이주민 가족들을 위한 부모동행(Starke Netzwerke Elternbegleitung für geflüchtete Familien)' 프로그램을 지역사회 단위에서 시작하였다. 2020년 12월 현재 전국적으로 총 47개의 네트워크가 형성되었으며 약 1만 3,000명의 자격을 갖춘 이주민 가족 부모동반자들(Elternbegleiter)이 이주민 가정에 자녀 양육 및 교육 관련하여 도움을 제공하고 있다. 구체적으로, 보육시설 이용 지원, 독일어 습득, 학교 시스템 정보 제공 및 공공기관이나 교육기관 등을 동행함으로써 실질적인 지원을 한다. 부모동행 프로젝트는 독일 연방가정부의 '키타-입소: 초기 교육에 다리 놓기(Kita-Einstieg: Brücken bauen in frühe Bildung)'라는 프로그램과 연계되어 있다. 2017년부터 진행되고 있는 '키타-입소' 프로그램은 특히 보육시설 이용이 어려운 이주민 출신 부모들의 자녀들이 돌봄을 받을 수 있는 기회를 제공하는 것을 목적으로 한다.

이주민 가족들은 특히 취업에 어려움을 겪으면서 국가지원금에 의존하게 된다. 독일 연방가족부의 '직업에서 강하다 - 이주배경어머니들의 취업(Stark im Beruf - Mütter mit Migrationshintergrund steigen ein)[6]' 프로젝트는 이주배경어머니들의 직업지향성을 초진하고 노동시장과 연결하는 것을 목적으로 한다. 이 프로젝트에 참가한 이주민 어머니들은 노동시장과 관련된 모든 문제에 대한 상담과 정보 제공은 물론 가정과 직업의 조화와 (재)취업까지 이어지는 지원을 받는다. 지원의 범위는 세부적으로 직업 방향 설정부터 인턴십이나 교육, 그리고 첫 고용까지 이어진다.

6_ BMFSFJ 공식 홈페이지: https://starkimberuf.de/

3) 부모역량 강화

독일은 부모들의 역량을 강화하는 것을 지속가능한 가족정책의 핵심으로 보고 부모들의 양육 책임을 지원하기 위해 다양한 가족교육 및 가족상담서비스를 제공한다. 가족교육에는 양육 역량 강화를 위한 교육뿐 아니라 건강 증진, 문화 교육, 가정 경영, 생활 관리, 여가 활동 및 사회적 참여를 위한 제안도 포함된다. 대면 또는 온라인 상담을 통해 부모들은 서로 또는 전문가들과 정보를 교환하거나 상담 전문가와 개인 상담을 할 수 있다. 익명성이 보장되는 온라인 상담서비스는 무료이며 24시간 이용 가능하다. 부모전화(Elterntelefon)는 부모들이 익명으로 간단하고 구체적인 조언을 받고 싶을 때 이용할 수 있는 서비스다. 가족상담전화(0800-1110550)는 월요일부터 금요일 오전 9시부터 11시, 화요일과 목요일 오후 5시부터 7시까지 운영된다.

4) 저소득 가족 휴가 지원

연방가족부는 모든 가족이 휴가를 통해 균형과 휴식을 가질 수 있도록 가족휴양 연방공동협력체(Bundesarbeitsgemeinschaft Familienerholung), 가족휴양을 위한 혁신적인 프로젝트 및 개별 가족휴양소를 지원한다. 특히 다자녀 가족이나 편부모 가정과 같이 어려운 상황에 처한 가정이 휴식을 취할 수 있도록 전국에 약 80개의 비영리 가족휴양지가 운영되고 있다. 이 휴양지에는 자격을 갖춘 전문가들이 다양한 프로그램을 제공하며 아동 돌봄서비스도 이용 가능하다.

03
이민정책

1970년대 석유파동 이후 외국인의 유입을 축소해온 독일은 2000년대부터 외국인 유입정책을 시행하고 있다. 저출산·고령화로 인구구조가 변화했고 또한 경제가 지속적으로 성장함에 따라 노동력 부족 문제가 심각해졌기 때문이다. 2023년 7월 7일 독일 연방의회는 EU회원국 뿐 아니라 전문인력을 포함한 숙련 노동자 확보를 위해 「숙련노동자이민법(Fachkräfteeinwanderungsgesetz)」을 제정하였다. 독일 연방통계청에 따르면 1990년 독일 통일 이후 지난 30년 동안 독일의 인구는 꾸준히 증가했으나 취업 가능한 연령대의 비율은 감소하였는데 이러한 추세는 이민자에 의해 완화된 것으로 나타났다.

1) 이민자 현황

2022년 말 현재 독일 인구는 약 8,430만 명으로 인구수가 전년 대비 110만 명이나 증가했다. 대규모 인구 증가의 원인은 사상 최고 수준의 순 이민이다. 그 중에는 우크라이나 출신의 난민들을 포함하여 시리아, 아프가니스탄, 이라크의 피난민들이 주로 포함된다. 또한 루마니아, 불가리아, 폴란드 등 유럽 연합(EU)국가에서도 지속적인 이민이 이루어지고 있다. 독일 통계청의 추정에 따르면 2022년 해외로 이주한 사람보다 142만 명에서 145만 명 정도 더 많은 사람들이 독일로 이민했다. 이로 인하여 2022년 순 이민자 수는 이전 해인 2021년의 약 33만 명보다 약 4배 이상 많았으며 1950년 이후 가장 높은 수준이었다(Statistisches Bundesamt, 2023).

2) 이민자의 노동시장 참여

독일로 이주한 외국인들의 노동참여는 여러 요소에 따라 달라진다. 이민 동기, 취업 및 체류 법률, 연령 구조뿐만 아니라 이주자들의 교육 배경도 중요한 역할을 한다. 2021년 인구조사(Mikrozensus)에 따르면, 국적과 관계없이 15세에서 65세 미만의 취업자 비율은 교육수준이 높을수록 더 높게 나타났다. 최근 독일로 이주한 외국인들의 교육수준은 큰 차이를 보이는데 이는 노동시장 참여와도 관련이 있는 것으로 나타났다. 예를 들어, 독일에 거주하는 폴란드인들 중 약 70%가 적어도 전문학위를 보유했거나 고등학교를 졸업하였으나 루마니아인들과 불가리아인들의 경우 약 절반(54%) 정도만 유사한 교육수준을 나타냈다. 반면 시리아인들의 거의 3분의 2가 낮은 수준의 교육을 받았으며, 전문학위나 고등학교 졸업 이상의 학력을 소지한 사람은 38%에 불과했다. 아프가니스

[그림 4] 독일 이주배경인구 추이(2005년~2022년)

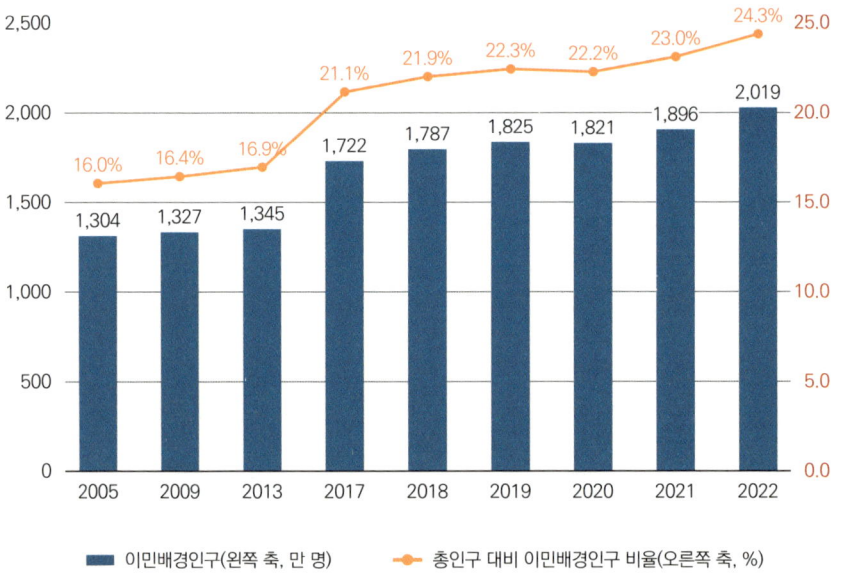

자료: Statistisches Bundesamt
주: 가구원(population in private households) 기준임

탄인들의 경우 이 비율은 21%로 더 낮았다. 2021년 전쟁이 시작되기 전부터 독일에 거주한 우크라이나인들 중 81%가 적어도 전문학위를 보유하거나 고등학교 졸업을 하였으며, 거의 절반(47%)은 대학 학위를 소지하고 있었다(Süddeutsche Zeitung, 2023).

교육수준에 따라 고용률도 다른 것을 확인할 수 있다. 동유럽 EU 국가 출신 15세에서 65세 미만 인구 중에서는 2021년에 고용률이 비교적 높았다. 폴란드인들의 고용률은 78%, 루마니아인은 75%로, 불가리아인의 경우 64%였다. 상대적으로 교육수준이 낮은 시리아인들의 고용률은 35%, 아프가니스탄 국적의 고용률은 45%로 상대적으로 낮았다. 이미 2021년에 독일에 거주하고 있던 교육수준이 높은 우크라이나인들의 고용률은 64%로 높았다. 연방고용기구에 따르면 2022년 10월 현재 우크라이나 난민 중 약 44만 3,000명이 노동가능한 인구로 잡센터(Jobcenter)와 고용기구(Arbeitsagentur)에 등록되어있으며, 이 중 약 절반인 19만 7,000명이 실업자였다(BfA, 2022).

3장

기업의 가족친화정책

- 가족친화 인사정책　　　　　　　　　　53
- 아버지 근로자 지원　　　　　　　　　　63
- 가족친화기업을 위한 지원 네트워크　　65
- 가족친화 인증제도　　　　　　　　　　84
- 최근 동향　　　　　　　　　　　　　　96

2003년 쾰른독일경제연구소(Institut der deutschen Wirtschaft Köln)는 연방가족부의 위임을 받아 독일의 4대 경제최고연합회와 협력하여 '기업의 가족친화성 조사(Unternehmensmonitor Familienfreundlichkeit)'를 처음으로 실시했다. 독일의 4대 경제최고연합회에는 독일고용주연방단체(Bundesvereinigung der Deutschen Arbeitgeberverbände), 독일산업연방협회(Bundesverband der Deutschen Industrie), 독일상공회의소(Deutsche Industrieund Handelskammer), 독일수공업중앙연합회(Zentralverband des Deutschen Handwerks)가 포함된다. 제1차 가족친화성 조사는 1만 개 기업을 대상으로 설문조사를 우편으로 실시하였으며 산업분야 및 기업규모별로 대표성을 갖춘 것으로 평가되었다(Flüter-Hoffmann & Solbrig, 2003). 이후 쾰른독일경제연구소는 3년마다 기업의 가족친화성 조사를 실시하고 보고서를 발표하고 있다.

기업의 가족친화성 조사의 핵심은 첫째, 독일 기업들 스스로가 가족친화성을 자체적으로 어떻게 평가하는가, 둘째, 기업은 근로자들에게 어떤 가족친화적인 조치를 취하고 있는가, 셋째, 가족친화정책을 시행하는데 어떤 어려움들이 존재하며, 기업들이 가족친화적인 방향으로 나아가기 위해서는 어떤 조치가 필요한지를 파악하는 것이다. Gerlach 외(2013)의 연구에 따르면 가족친화기업은 일반기업에 비해 직원의 근무에 대한 동기부여가 높을 뿐 아니라 기업의 가족친화제도 시행으로 얻는 투자 수익률은 25%인 것으로 나타났다(전기택 외, 2021: 4에서 재인용). 연방가족부는 2019년 제6차 기업의 가족친화성 조사보고서를 발표하였다. 제6차 조사는 온라인으로 실시되었으며 총 1,283개 기업의 응답이 분석에 활용되었다(Hammermann, Schmidt & Stettes, 2019).

01
가족친화 인사정책

독일 기업들의 가족친화 인사제도 시행 수준은 1990년대부터 OECD 회원국 중 상당히 높은 것으로 평가되었다. 독일 기업은 이미 탄력근무, 아동돌봄, 육아휴직 등의 정책에서는 유럽 국가에서도 선두주자에 속했다(OECD, 2001: 152).

연방가족부가 2019년에 발표한 「가족친화기업 조사보고서」에 따르면 기업들은 2015년 대비 2018년에 일·가정 양립 지원제도를 확대하였다. 기업은 일·가정 양립 지원을 인사정책의 일부로 받아들이며 탄력적 근무시간 및 근무체계, 부모시간 및 부모촉진, 아동 돌봄서비스, 가까운 가족돌봄을 위한 재가서비스, 가족서비스/정보 및 상담서비스를 다음과 같이 시행하고 있다(Hammermann et al., 2019).[7]

7_ 이하 내용은 2019년 독일 연방가족부가 2018년 쾰른독일경제연구소가 연구한 결과를 발표한 보고서를 2015년 조사결과와 비교하여 정리함.

1) 탄력적 근무시간과 근무체계

'탄력적 근무시간과 근무체계' 분야의 조치들은 가족친화 인사정책에서 매우 중요한 위치를 차지한다. 2018년에는 92%의 기업이 단시간 근무를 허용하고 있으며, 이는 3년 전보다 약 2%p 증가한 수치이다. 세부적으로 살펴보면 2018년 단시간 근무가 가능한 기업 중 약 79%의 기업에서 기간제근로(Zeitlich Befristete Arbeitszeitverkürzung)가 가능하다. 독일에서는 근로자들에게 단시간 근무에 대한 법적 권리를 2001년부터 보장하고 있다.

탄력적 근무 또한 핵심 역할을 하고 있는 것으로 나타났다. 10개 기업 중 약 8개 기업은 개인적으로 합의된 근로시간(Individuell Vereinbarte Arbeitszeiten)을 허용하며, 10개 기업 중 약 7개 기업은 탄력적 일일 또는 주간 근무시간을 허용하고 있다. 이러한 조치들은 근로자의 개인적인 욕구에 맞춰진 근무를 가능하게 하며, 시간적인 갈등을 완화하는 데에 기여한다.

가족친화 기업들은 근무체계의 유연성을 높이기 위해 다양한 시도를 하고 있다. 현재 그 수준은 높지 않지만 2015년에 비해 상대적으로 향상되었다. 약 48%의 기업에서 신뢰 기반 근무(Vertrauensarbeitszeit)가 가능하며, 약 43%의 기업이 모바일 인터넷 활용으로 장소에 구애받지 않는 근무를 허용하고 있다. 이러한 조치는 근무시간이 주어진 상황에서 근로자들의 행동 영역을 크게 확장하는 것을 의미한다. 물론 간호직이나 산업 생산 분야 등과 같은 대인서비스 업종이나 생산직과 같은 일부 작업 환경에서는 모바일 근무가 활용되기 어렵다.

또한 연간(Jahresarbeitszeit) 또는 평생 근로시간(Lebensarbeitszeit)의 유연성을 높이기 위한 조치, 원격근무(Telearbeit), 일자리 나누기(Jobsharing), 안식휴가(Sabatical) 등도 가능하다. 안식휴가는 유연한 연간 또는 평생 근로시간의 변형된 모델이다. 2018년 조사대상 기업의

[표 4] 탄력적 근무시간 및 근무체계

(단위: %)

유형	2015년	2018년
단시간 근로	89.3	91.5
개별합의 근로시간	75.9	80.9
탄력적 일일 또는 주간 근무	68.2	70.0
신뢰 기반 근무시간	46.9	47.5
모바일 인터넷을 활용으로 장소에 구애받지 않는 근무	36.8	42.8
탄력적 연간 또는 평생 근무시간	23.6	25.9
재택근무	16.2	22.3
일자리 나누기	14.2	17.0
안식휴가	10.0	14.0

자료: Hammermann et al., 2019: 23.

14%가 안식휴가를, 약 26%가 탄력적 연간 또는 평생 근로시간을 제공하고 있었다. 다변량 분석에 따르면 가족친화적인 기업문화가 강한 기업은 단시간 근로모델, 개인 합의 근로시간, 탄력적 일일 또는 주간 근로시간, 신뢰 기반 근무, 원격근무 및 재택근무(Telearbeit)와 긍정적인 상관관계가 있는 것으로 나타났다.

2) 부모시간과 부모촉진

탄력적 근무시간 확대와 마찬가지로 부모시간과 부모촉진(Elternförderung)제도도 2015년 대비 향상되었다. 2018년 현재 약 84%의 기업이 자녀가 있는 근로자에게 특별한 배려를 하고 있다. 예를 들어 휴가 일정을 계획할 때 자녀가 있는 근로자들의 휴가 시기를 자녀의 방학에 맞춰 특별히 고려하거나 자녀가 있는 직원들도 시간을 조정하여 모든 직원이 참석할 수 있는 시간에 회의 일정을 잡는 등의 조치를 취하고 있다.

약 73%의 기업이 부모시간 중에 있는 근로자에게 단계적인 고용(Phasenweise Beschäftigung) 또는 단시간 근무를 허용하고 있는데 이는 2015년 대비 약 10%p 향상한 것이다. 두 가지 제도 모두 자녀 관련 사유로 인해 일을 일시적으로 쉬고 있던 부모가 직장에 복귀하는 데 도움을 줄 수 있으며, 부모시간 중 연락 유지 프로그램과 마찬가지로, 자격이 있는 여성들이 직장 복귀 후에도 경력을 유지할 수 있도록 도움을 줄

[표 5] 부모시간 및 부모촉진제도 (단위: %)

유형	2015년	2018년
특별한 배려(예: 휴가계획) 또는 기타 부모 지원	84.4	84.4
부모시간 동안 단시간근로 또는 단계별 근로	63.7	72.6
남성 근로자에게 명시적으로 부모시간 사용 장려	13.9	23.6
남성 근로자에게 명시적으로 단시간근로 장려	8.5	15.9
추가적 경제 지원	6.2	11.2

자료: Hammermann et al., 2019: 24.

수 있다.

약 24%의 기업들이 남성 직원들에게 부모시간을 사용할 것을 명시적으로 장려하는 정책을 시행하고 있는데 이 또한 이전 조사결과 대비 10%p 향상한 수치이다. 약 16%의 기업에서는 남성 직원들에게 단시간근무를 장려하는 명시적인 정책과 함께, 약 10%의 기업에서는 부모시간 중인 근로자에게 자발적으로 (추가적인) 금전적인 혜택을 제공하고 있다. 이러한 두 가지 조치는 성별에 민감한 인사정책의 접근 방식을 반영하고 있는 것으로 해석할 수 있다.

3) 아동돌봄(Kinderbetreuung)

첫 자녀 출산 시기가 늦어지면서 자녀 돌봄 시기 또한 늦어지고 있다. 이로 인해 여성들은 경력을 쌓기 시작하는 첫 직장에서 일·가정 양립을 유지하는 데 많은 어려움을 겪는다. 기업은 자녀가 있는 부모근로자들을 지원하기 위하여 다양한 제도를 시행하고 있다. 약 46%의 기업은 자녀가 질병으로 인해 돌봄을 필요로 할 경우 부모근로자에게 법적 기준을 초과하여 특별 휴가를 추가로 제공하고 있다. 아동의 질병은 자주 그리고 갑자기 발생하기 때문에 부모는 다른 돌봄서비스를 즉각 찾을 수 없는 경우가 종종 발생한다. 이때 기업의 유연한 휴가제도는 어려운 상황에 있는 부모에게 필요한 지원일 수밖에 없다.

약 19%의 기업은 자발적으로 근로자의 자녀를 위한 돌봄서비스를 제공하고 있다. 예를 들어 추가적인 금전적 지원이나 일일육아도우미 서비스와 같은 것이 있다. 약 11%의 기업은 부모와 자녀가 함께 있을 수 있는 '부모-자녀-작업실'이나 어린이가 머물 수 있는 공간을 제공하고 있다. 비율 자체는 아직은 낮으나 2015년과 비교하여 두 배 이상 증가하는 추세를 보이고 있어 앞으로 더 확대될 것으로 보인다. 약 8%의 기업에서는 임시 어린이 돌봄을 제공하고 있어 응급상황이 발생할 경우 자녀를 맡길 수 있다.

약 3%의 기업은 사내 유치원 또는 어린이집을 통해 돌봄서비스를 제

[표 6] 기업의 근로자 자녀 돌봄 관련 조치 (단위: %)

유형	2015년	2018년
자녀의 질병으로 인한 법적 규정을 초과하는 휴가 허용	38.0	46.3
자녀 돌봄에 대한 추가 지원 (예: 재정적 지원, 육아 도우미 서비스)	15.7	18.6
부모-자녀용 작업 공간/기업 내 어린이가 머물 수 있는 공간	5.3	11.4
임시 어린이 돌봄/방학 동안의 자녀 돌봄	4.8	8.2
기업 내 어린이 돌봄 (기업 유치원, 기업 어린이 보육소 등)	2.1	2.6

자료: Hammermann et al., 2019: 25.

공하고 있다. 이런 사내 돌봄서비스 기관은 기업 규모에 따라 매우 다르다. 5명에서 50명 미만의 규모를 가진 소규모 기업은 약 1.9%, 50명 이상 250명 미만의 중간 규모의 기업은 4.8%, 250명 이상의 대규모 기업은 18.7%가 사내 돌봄기관을 운영하고 있어 기업의 규모가 클수록 돌봄서비스를 더 많이 제공한다. 그러나 기업이 돌봄서비스를 제공하지 않는 이유는 재정문제뿐만이 아니라 직원들 스스로가 직장 내 어린이 돌봄을 원하지 않을 수도 있음을 염두에 두어야 한다.

4) 가까운 가족 돌봄을 위한 재가서비스(Angebote bei häuslicher Betreuung von nahen Angehörigen)

독일의 경우 고령화가 심각해지면서 노인돌봄에 대한 문제의 중요성이 증가하고 있다. 지난 몇 년 동안 장기요양이 필요한 사람들의 수가 빠르게 증가하여 2021년에는 370만 명에 이르렀으며, 80세 이상 인구 중 41.6%가 장기요양을 필요로 하는 것으로 나타났다(BMG, 2022). 특히 2017년 이후 「장기요양강화법 II(Pflegestärkungsgesetz II)」가 시행되면서 새로운 장기요양필요성 개념이 도입되고 장기요양등급이 3등급에서 5등급으로 전환된 것도 장기요양보험의 수급자 수가 급격히 늘어난 것에 영향을 미친 것으로 사료된다.

2021년 현재 장기요양이 필요한 사람들 중 약 82%가 가족의 돌봄이나 재가급여를 받으며 가정에서 거주하고 있다(BMG, 2022: 4). [표 7]에서 보여주는 바와 같이 가까운 가족 돌봄은 지난 3년 동안 증가한 것으로 나타났다. 재가서비스나 돌봄인력 연계부분만 약간 감소한 데에는 장기요양보험제도에 대한 독일 국민의 인식이 향상한 것과 재가서비스 공급기관의 수가 늘어난 것이 영향을 미쳤을 수 있다. 특히 지방자치단체마다 설립된 장기요양지원센터에서 지역사회 내 장기요양기관에 대한 정보를 매우 쉽게 받을 수 있기 때문에 기업의 지원은 크게 필요하지 않을 수 있다.

[표 7] 가족 돌봄 지원제도 (단위: %)

유형	2015년	2018년
부분 휴직	35.0	41.4
법적 의무기준을 초과하는 휴가 제공	23.8	31.2
완전 휴직	12.7	16.3
재가서비스 및 장기요양인력 연계 지원	14.0	13.4
자발적 경제 지원	2.1	4.8

자료: Hammermann et al., 2019: 26.

저출산과 고령화로 인하여 전문인력이 부족한 독일 사회에서 '좋은' 기업은 장기요양을 필요로 하는 가족이 있는 전문 인력을 잃지 않기 위하여 '노인돌봄과 직업의 조화'를 위하여 노력하고 있다. 41%의 기업이 가까운 가족을 돌보기 위하여 근로자에게 부분적으로 휴직(Teilweise Freistellung)할 수 있도록 허용하고 있으며, 약 31%의 기업은 법적 의무를 초과하는 휴가를 제공하고 있다. 이러한 조치들은 특히 노부모 돌봄을 위하여 시간적 유연성이 매우 중요하다는 것을 보여준다. 완전 휴직(Vollständige Freistellug)은 약 16%의 기업에서만 가능하다. 휴직 조치는 기업의 규모에 따라 다를 수밖에 없다. 특히 완전 휴직이 가능한 기업의 평균 비율을 살펴보면 소규모 기업은 14.3%, 중간 규모의 기업은 28.5% 그리고 대기업은 49%로 큰 기업일수록 가족돌봄을 위한 휴직제도도 더 활성화되어 있음을 알 수 있다.

5) 가족서비스(Familienservice)/정보 및 상담서비스

2018년에는 가족친화적인 조치에 대한 상담 서비스가 2015년보다 더 많이 제공되었다. 예를 들어, 부모시간 중 단시간 근무 가능성이나 「수발휴가법(Pflegezeitgesetz)」 및 「가족수발휴직법(Familienpflegezeitgesetz)」, 가사 서비스 비용 공제에 대한 정보를 제공하는 기업의 비율은 약 6%p 증가하여 29%인 것으로 나타났다. 기업들 사이에서 해당 정보에 대한 수요도 증가하였다. 이는 직원들의 욕구를 반영한 인사 정책인 생애주기 지향적 인사 정책의 개념(Konzept einer lebensphasenorientierten Personalpolitik)과도 일치할 수 있다(Hammermann & Stettes, 2014). 그러나 가사도우미 서비스 이용에 대하여 조직적이거나 재정적인 지원을 제공하는 기업은 8%에 불과하다.

02 아버지 근로자 지원

아버지 근로자를 위하여 다양한 조치를 시행하는 기업의 비율은 2015년 조사 이후 크게 증가하였다. 한 개 이상의 아버지 지원조치를 한 기업은 2015년 약 35%에서 2018년 53%로 크게 증가하였는데, 아버지 근로자들의 탄력근무와 단시간 근무가 증가한 것으로 해석할 수 있다.

아버지를 지원하는 조치 중 하나로 결과지향적인 리더십 스타일이 2015년 대비 약 17%p의 증가하여 약 36%의 기업에서 아버지들이 근무시간을 더 유연하게 활용할 수 있게 되었다. 즉, 남성 근로자가 '아버지의 역할'을 더 많이 맡고자 하는 경우, 약 36%의 기업이 이들을 지원하기 위해 전일제근무에 가까운 단시간 근무를 가능하게 하고 있다. 약 28%의 기업에서는 남성 임원들이 부모시간을 신청하여 육아를 직접 담당하고 있으며 조사된 기업의 약 4분의 1에서는 아버지들에게 부모시간이나 단시간 근로를 선택할 수 있도록 적극적으로 권하는 것으로 나타났다. 이에 더해 약 15%의 기업에서는 시간적으로 제한된 단시간 근로를 명시적으로 권장하며, 약 13%의 기업에서는 남성 임원들이 직접 단시간 근로를 하고 있었다. 전반적으로 아버지들의 (시간적인) 일·가정 양립 욕구에 대하여 기업의 감수성이 크게 증가했다는 것을 알 수 있다. 다른 가족친화 조치와 마찬가지로, 기업의 규모에 따라 제공되는 서비스의 범위는 달라진다. 즉, 기업의 규모가 클수록 아버지를 지원하는 조치들이 더 다양하고 더 자주 제공된다.[8]

---

[8] 그러나 모든 기업을 대상으로 한 평균값은 5~15명 미만의 소기업에 매우 크게 의존한다. 왜냐하면 소기업들이 (민간)경제에서 가장 많은 비율을 차지하기 때문이다(약 89%).

03
가족친화기업을 위한 지원 네트워크

독일 연방가족부는 일·가정 양립 정책을 '지역가족연합(Lokale Bündnisse für Familie)'과 '성공요소-가족(Erfolgsfaktor Familie)'을 통해 실현하려고 노력하고 있다. 지역가족연합에는 다양한 주체들이 협력하여 지역사회에서 가족친화적인 환경을 조성한다. 기업을 위한 성공요소-가족 프로그램의 목표는 기업의 가족친화성을 독일 경제의 상징으로 만드는 것이다.

1) 지역가족연합 네트워크

지역가족연합(Lokale Bündnisse für Familie) 이니셔티브는 2004년 독일 연방가족부에 의해 시작됐다. 지역가족연합은 정치, 시민사회, 경제 및 행정 분야와 같은 다양한 분야의 사람들과 기관들이 스스로 조직한 네트워크이다. 당시 연방가족부 장관이었던 레나테 슈미트(Renate Schmidt)는 "독일이 더 많은 어린이를 원한다면 가족을 강하게 만드는 사회적 분위기를 만들어야 한다(BMFSFJ, 2004: 1)"고 주장하면서 "지역사회에서 지방자치단체, 기업, 각종 기관과 조직이 가족친화환경을 조성하면 할수록 출산 결정을 내리기가 더 쉬워질 것이다(BMFSFJ, 2004: 8)"고 전망하였다.

회원들은 자발성의 원칙에 따라 지방자치단체에서 모임을 구성하고 지역의 필요에 따라 가정과 직장의 조화를 위하여 다양한 프로젝트를 개발하여 실행한다. 지역가족연합은 독일 연방가족부와 유럽연합 사회기금의 지원을 받아 운영된다. 지역가족연합에는 지방자치단체, 기업, 상공회의소, 복지단체, 종교단체, 노동조합, 아동보육시설, 지역 내 다양한 협회, 대학 및 가정과 개인이 지역사회의 가족친화성 증진을 위하여 협력한다. 이를 통해 결과 중심의 협업이 이루어지며 지속가능한 네트워크가 형성된다. 가정과 직장의 조화, 특히 학령기 자녀를 둔 부모를 위한 아동 돌봄서비스 확대는 많은 지역에서 주요 관심사로 다뤄지고 있다.[9]

9_ 이하 내용은 지역가족연합 홈페이지를 참고하여 작성함.

□ **활동 영역**

　지역가족연합은 부모들이 일상생활에서 근로시간과 아동돌봄으로 인해 어려움을 해소하는 데 도움을 준다. 가족친화적인 근로 및 생활환경 조성은 지역가족연합의 주요 활동영역 중 하나로 유연한 아동보육 서비스 제공, 가족돌봄 제공자 지원, 가족친화적인 근로환경을 제공하는 고용주 지원 등을 통해 부모에게 가정과 직업 사이 균형을 유지할 수 있도록 한다. 이를 위해 휴가, 비상시 돌봄 및 오후 돌봄 프로그램, 아버지와 아이들을 위한 여가 활동, 노동시장 복귀 지원 등을 제공한다. 아동 방과 후 오후나 방학기간 동안 돌봄서비스를 연계하고 돌봄 부족 문제를 해소하는 등 가족을 위한 새로운 서비스를 개발하거나 기존의 서비스를 연계하기도 한다. 또한 '가족'을 강조하고 '가족'과 관련된 내용을 대중에게 알림으로써 지역가족연합 지지자들을 모으고 사업을 발전시킨다. 이외에도 자원봉사 및 세대 간 협력, 건강 및 (노인)돌봄 등이 지역가족연합의 활동에 포함된다.

　한편, 지역가족연합은 이주민 가족의 사회통합을 위한 지역사회 내 노력도 기울이고 있다. 이주배경 가족의 자녀 교육문제 해결을 위하여 문화교류 기회를 제공하고 어린이집에서는 국적을 가리지 않고 모든 아동을 대상으로 언어발달능력이 부족한 아동의 독일어 교육을 실시하는 등 다양한 활동을 하고 있다.

　독일 연방가족부는 독일 전역의 지역가족연합 구축 및 발전을 조정하고 지원하기 위해 서비스 사무소를 설립하고 운영비용을 지원한다. 이 사무소의 목표는 지역가족연합 구축, 발전, 네트워킹 및 홍보를 전국적으로 활성화하는 것이다. 이를 위해 (온라인)행사 진행, 활동 지원, 전문지식 제공, 상담 및 우수 사례의 출판물 발간 등 다양한 활동을 지원한다.

2023년 현재 전국에 520개의 지역가족연합이 조직되어 있으며 1만 8,900명 이상의 회원이 등록되어 있다. 이 중 7,900여 개의 기업이 기업회원으로 등록되어 있으며 가정과 직장의 조화를 위해 다양한 프로그램에 참여하고 있다.

□ 지역가족연합 성공 사례

독일 연방가족부는 2016년 '배우자와 함께하는 부모 조화 구현(Vereinbarkeit für Eltern partnerschaftlich gestalten)'이라는 새로운 선구적인 프로젝트를 시작하였다. '새로운 조화(NEUE Vereinbarkeit)'는 직장과 가정에 대한 책임은 관련된 모든 사람들에게 동등하게 공존함을 강조한다. 관련된 사람에는 자녀가 있는 부모뿐만 아니라, 돌볼 가족이 있는 근로자, 편부모(Alleinerziehende) 또는 이혼한 양육자(Getrennterziehhende), 미혼인 사람까지 포함된다.

연방가족부는 '새로운 조화'의 중요성을 확산하고 실현 가능한 사례로 발전시키기 위해 '배우자와 함께 하는 부모 조화 구현' 프로젝트를 세 가지 영역으로 나누어 진행하였다. 이에 따라 전국의 지역가족연합은 '일·가정 양립(Standortfaktor Vereinbarkeit)', '아버지 친화적인 지방자치단체(Väterfreundliche Kommune)' 및 '전문인력 확보 지원(Unterstützung bei der Fachkräftesicherung)' 분야에서 다양한 프로젝트를 추진했으며 각 부문별 대표적인 성공 사례는 다음과 같다(BMFSFJ, 2017).

① 일·가정 양립(Standortfaktor Vereinbarkeit) 부문

> 가족을 위한 디엔'하임'[10]: 매주 토요일 아동 돌봄(Dien'Heim fur Familie': Samstagliche Kinderbetreuung)

<가족을 위한 디엔'하임'>은 토요일에도 종일 아동 돌봄서비스를 제공하는 프로젝트이다. 난민들을 돌봄제공자로 참여시켜 돌봄문제를 해결하며 지역 아동들과 난민 아동들과의 교감을 도모하고 종합적인 통합을 촉진한 것이 특별한 점이다.

Dienheim은 라인란트-팔츠(Rheinland-Pflaz)주에 위치한 마인츠-빙겐(Mainz-Bingen) 지역의 지방자치단체로 디엔하임과 주변 지역에는 주말에 근무하는 노동자가 많이 거주하고 있다. 지역 특성상 주말 아동 돌봄에 대한 수요가 높음에도 불구하고 아동 돌봄서비스가 제도적으로 제공되지 않아 부모 직장인은 개별적으로 돌봄서비스를 이용하기 위해 높은 비용 부담을 안고 있었다.

10_ Heim은 집의 의미를 가짐.

이러한 문제를 해결하기 위해 <가족을 위한 디엔'하임'> 프로젝트는 매주 토요일에 스포츠 캠프를 개최하였다. 스포츠를 포함한 다양한 활동에 지역의 아동들과 난민 아동들이 함께 참여하였다. 운동에 특별한 재능이 있는 난민들에게 트레이너 교육을 실시하고 이후 이들이 스포츠 캠프를 지도하도록 하였다. 실제로 한 이라크 난민은 축구 트레이너 교육을 성공적으로 이수하고, 현재 트레이너로 계약하여 활동하고 있다. 또한 한 여성 난민 간호사가 스포츠 캠프에서 활동함으로써 난민 소녀들이 이 캠프에 참여하는데 동기부여를 주었다. 이렇게 훈련받은 트레이너들은 다른 난민 아동들과의 연결고리가 되어 이들이 빠르게 지역사회에 통합할 수 있도록 지지하는 역할을 할 수 있게 되었다.

스포츠 캠프에 관심 있는 사람들은 누구나 4주 전에 월간 일정표를 미리 받을 수 있으며, 셔틀 버스가 중앙모임 장소에서 아이들을 픽업하여 각 캠프로 데려가는 이동서비스를 이용할 수 있다. 아동 돌봄이 필요한 부모들은 돌봄이 필요한 날 하루 전까지 아동을 등록할 수 있어 갑작스럽게 돌봄 서비스가 필요한 경우에도 유연하게 대응할 수 있다. 이것이 바로 이 프로젝트가 성공할 수 있었던 요인 중 하나이다.

또한 스포츠, 문화, 창의성 및 자연 활동을 위한 넓은 분야의 네트워크를 구축하였으며 지역 내 다양한 분야의 협회, 학교, 지역 공동체 및 자원봉사자들의 참여와 스포츠 캠프를 통해 자체 후속 인력을 양성함으로써 상생 관계를 조성하였다. 이 프로젝트의 파트너는 라인란트-셸쯔

(Rheinland-Selz) 지역공동체, 마인즈-빙겐(Mainz-Biingen) 지역행정청과 난민심사사무소(Asylstelle)이 있다.

> **올덴부르그 뮌스터란드의 가족친화기업협회: 방학돌봄을 위한 비용 지원**
> (Verbund familienfreundlicher Unternehmen e.V. Oldenburger Münsterland: Finanzieller Zuschuss zur Ferienbetreuung)

Oldernburger Münsterland는 니더작센(Niedersachsen)주에 있는 지역이다. Oldernburger Münsterland의 가족친화기업협회는 이 지역의 중소기업 및 지방자치단체 고용주들의 연합체로 1992년 20개 기업이 모여 시작했다. 협회 회원은 금융, 교육기관, 인쇄소, 전기기술, 폐기물 처리업체, 식품산업, 사료제조업체, 협동조합, 기관, 도매 및 소매업, 호텔외식사업, IT업계, 병원 등 범위가 매우 넓다. 이 협회는 여성경제조정사무소(Koordinierungsstelle Frauen und Wirtschaft)와 함께 기업과 지방자치단체, 지역의 고용주와 노동자, 노동시장 주체 및 교육기관 간의 연결고리 역할을 한다. 또한 가족친화적인 고용구조를 촉진함으로써 근로자들의 만족도와 근로동기를 높이는 것을 목적으로 한다. 2023년 5월 현재 1만 4,000명 이상의 종사자를 보유한 177개 기업 회원으로 구성되어 있다(Verbund OM., 2023:6).

기업회원이 누릴 수 있는 혜택은 전문인력 유지, 고급 인력 채용 시 경쟁 우위 확보, 유자녀 근로자 가구 당 50유로의 방학 돌봄 지원, 돌봄과 직장 조화에 대한 기업 가이드라인 제공 및 직원 행사 지원, '가정과 직장' 조화와 관련된 네트워킹 및 최신 정보 제공, 부모시간 중인 지원의 교육 지원 등 다양하다. 이 중 가장 성공적인 것으로 평가받는 서비스는 '방학 중 아동돌봄 비용 지원'이다(BMFSFJ, 2017).

Oldernburger Münsterland 지역은 이전부터 돌봄서비스가 제공되었으나 지역주민의 욕구와 생활여건이 충분히 반영되지 못했다. 기존에는 지방자치단체가 방학 동안 돌봄서비스를 유료로 제공하여 가계에 경제적 부담을 가중하였다. 따라서 많은 부모들은 방학 중에 자녀를 돌보기 위해 연차를 나눠 사용하였고 이로 인해 가족이 함께 이용할 수 있는 휴가기간이 줄어들 수밖에 없었다. Oldernburger Münsterland의 가족친화적기업연합은 이러한 문제를 해결하기 위해 간단하면서도 큰 가치를 창출하는 방안을 마련하였다. 기업들이 가정과 직업의 조화를 개선하기 위해 협회를 구성하고 매년 75유로의 연회비를 납부하여 회비 일부를 방학 중 아동돌봄 비용 지원 기금으로 지원하는 것이다.

또한 가족친화기업연합은 여성과 가족들이 직장으로 쉽게 복귀하고 가정과 직장 조화를 이룰 수 있도록 여성경제조정사무소와 긴밀하게 협력하며 각종 상담 및 지원 서비스를 제공한다. 구체적으로 직장으로의 복귀 및 새로운 직업 가능성에 대한 상담, 지역 교육기관의 교육 프로그램에 대한 재정적 지원(특히 부모시간 중), 가정과 직장 조화를 위한 조치 및 적합한 어린이 돌봄 시설 연계, 방학 중 아이들의 돌봄에 대한 보조금 지원, 가족돌봄과 고용에 관한 정보 제공, 취업 매칭 및 가능한 채용 정보 제공 등이 해당한다.

Oldernburger Münsterland 가족친화기업협회의 성공요인은 고용주와 자녀를 둔 근로자들이 개인적인 대화를 통해 프로젝트 수용 및 참여를 촉진할 수 있도록 연결을 구축한 점에 있다. 또한 지역가족연합이 근로자들의 일·가정 양립을 돕는 기업을 실질적으로 지원하였으며 지방자치단체 차원에서 비정부 지원을 현장에서 신속하게 지원함으로써 효율적으로 일·가정 양립을 실현하였다. 이 프로젝트의 파트너는 Oldernburger Münsterland의 가족연합회 회원과 여성경제조정사무소(Koordinierungsstelle Frauen und Wirtschaft)가 있다.

② 아버지 친화적인 지방자치단체(Väterfreundliche Kommune) 부문

카를스루에 지역가족연합: 아버지 역량강화 프로그램(Karlsruher Bündnis fur Familie – Kompetenztraining für Väter in Unternehmen)

카를스루에 지역가족연합은 일·가정 양립 관련 주제로 다양한 세미나를 진행함으로써 근로자와 고용주의 아버지들의 일·가정 양립의 중요성에 대한 인식을 높이는 것을 목적으로 한다. 최근 일상생활과 직장에서 파트너십 형태의 일·가정 양립을 원하는 아버지들이 많아지고 있음에도 불구하고 일·가정 양립 관련 교육은 어머니들이 아버지들보다 더 쉽게

자주 받는다. 또한 기업 내에서는 이러한 일·가정 양립 주제의 세미나를 개최하기 위해 제공할 수 있는 시간과 공간은 한계가 있으며 교육이 제공되더라도 아버지들의 수요를 충분히 반영하지 못하고 있다.

카를스루에 지역가족연합은 가족과 더 많은 시간을 보내고 싶어하는 아버지들의 욕구를 충족하기 위해 기업의 인사 정책에 아버지 친화성 강화, 아버지들에 대한 민감한 의사소통 구축, 가족친화적인 제도를 적극적으로 활용하고 모범적인 역할을 수행하도록 경영진 유도 등 다양한 접근 방식을 시도하였다. 또한 어린이 사무실(Familienbildung des Kinderbüros), 카를스루에 산업상공회의소(IHK) 및 카를스루에 공예협회와 협력하여 직장인과 고용주를 대상으로 '직장 내 조직', '아버지의 역할' 등 다양한 주제를 세미나 방식의 교육을 통해 다룬다. 2016년 7월 근로자와 고용주를 위한 첫 번째 교육세미나가 시작되었으며 '부모시간을 갖는 아버지들을 위한 박스톱(Boxenstopp – Väter in Elternzeit)' 행사를 통해 아버지들과 기업이 대화할 수 있는 플랫폼이 마련되었다. 이후 아버지들을 위해 진행된 세미나에서는 부모시간이 경력에 부정적인 영향을 미치지 않는다는 인식을 높일 수 있도록 교육이 이루어졌다.

③ 전문인력 확보 지원(Unterstützung bei der Fachkräftesicherung) 부문

> 볼프스부르크 지역가족연합(Bündnis für Familie Wolfsburg): 중소기업을 위한 일·가정 양립 상담센터(Beratungsstelle für kleine und mittlere Unternehmen zu familienfreundlichen Maßnahmen)

볼프스부르크는 독일 니더작센(Niedersachsen)주 동쪽에 위치한 도시로 폴크스바겐(Volkswagen) 공장의 소재지이다. 볼프스부르크 지역가족연합은 부모, 고용주, 공공기관, 다양한 협회, 비영리단체 등의 참여를 통해 '가족친화도시 볼프스부르크'를 실현하고자 한다.

대기업들은 연방가족부의 가족친화기업 조사보고서에서도 확인할 수 있듯이 일·가정 양립을 위하여 적절한 제안과 이니셔티브를 통해 대응하고 있다. 그러나 중소기업들은 자체적으로 가족친화성을 향상할 수 있는 유의미한 조치를 조사하고 실행하는 데 필요한 자원을 갖추지 못해 어려움을 겪을 수밖에 없다. 이에 볼프스부르크 지역가족연합은 중소기업들이 가족친화적 조치를 실현할 수 있도록 상담 및 정보제공센터를 설립하였다.

상담·정보제공센터는 중소기업들도 직원들의 가족친화적인 근로환경을 구현하고 근로자들에게 매력 있는 직장이 될 수 있도록 적절한 방안을 모색하는데 적극적으로 도움을 준다. 상담·정보센터는 중소기업에게 개별 전화 및 이메일을 보내 1:1의 상담서비스를 제공하며 기업 및 인사책임자와의 협의를 통해 실용적인 해결 방안을 제시하고 유용한 행동 분야를 식별한다. 구체적이고 추가적인 제안을 전달하며 서비스 제공에 대한 홍보 활동을 수행한다. 또한 기업과 지방자치단체간의 중개자로서 기업의 요구사항과 의사를 지방자치 담당자에게 전달하고 실행 가능한 해결책을 개발하며[11] 시민들의 정보접근성 향상을 위해 인터넷 플랫폼을 구축하기도 하였다.[12]

볼프스부르크 지역가족연합의 중소기업을 위한 일·가정 양립 상담센터 프로젝트가 성공할 수 있었던 요인은 철저한 사전분석을 통해 미래의 상담 욕구를 충족하기 위한 전문 지식을 구축했다는 점이다. 또한 중소기업에게 개별적으로 연락을 취하여 상담서비스를 효과적으로 제공하고 수요를 창출함으로써 기업 파트너들을 모집했다. 강력한 마케팅과 적극적인 정보 제공을 통해 공공의 관심을 유도하여 적합한 대상을 확보할 수 있었다는 점도 성공 요인 중 하나이다. 이 프로젝트의 파트너로는 볼프스부르크시, 뤼넨부르크-볼프스부르크(Luneburg-Wolfsburg) 상공회의소, CarSolution 유한회사, 헬름슈테트-볼프스부르크(Helmstedt-Wolfsburg) 건축업자협회, 헬름슈테트 고용안정청(Agentur fur Arbeit), 볼프스부르크-빈팅겐 루터교구, 여성경제 Frau und Wirtschaft 조정 사무소, 볼프스부르크 가족 서비스 협회가 있다.

---

[11] https://www.wolfsburg.de/leben/familie/buendnis-fuer-familie, 2023.06.01. 검색.

[12] https://www.wolfsburg.de/leben/familie, 2023.06.01. 검색.

2) 성공요소 가족 플랫폼

기업지원 프로그램의 일환으로 2007년 독일 연방가족부와 독일 상공회의소가 공동 이니셔티브로 기업 네트워크인 '성공요소 가족'을 창설하였다. 이후 독일 연방가족부는 독일경제최고연합회(Spitzenverbänden der deutschen Wirtschaft) 및 독일노동조합총연맹(Deutscher Gewerkschaftsbund)과 함께 가족친화적인 근로환경을 조성하기 위해 '성공요소 가족(Erfolgsfaktor Familie)' 프로그램을 운영하고 있다. 이 네트워크는 일·가정 양립 인사정책에 관심이 있거나 이미 시행하고 있는 모든 고용주를 위한 독일 내 가장 큰 플랫폼이다(BMFSFJ, 2023).

성공요소 가족 웹사이트(www.erfolgsfaktor-familie.de)에서는 기업주, 인사 담당자, 그리고 다른 사람들에게 가족 친화적인 인사 정책에 관한 포괄적인 정보를 제공한다. 이 플랫폼에서는 가족친화적인 기업의 성공 사례와 실질적인 조언뿐만 아니라 연구 자료, 안내서, 그리고 행사 정보도 찾아볼 수 있다. 2023년 6월 현재 8,537명의 회원이 가입한 상태이다. 이 플랫폼은 기업지원 프로그램으로서 기업들이 가족친화적인 인사정책의 장점을 이해하도록 설득하는 것이다. 기업의 가족친화성은 독일 경제에서 사회적, 인구적, 디지털적 변화 및 점점 심화되는 인력 부족 등의 상황에서 강력한 경쟁 및 기지요인으로 자리 잡고 있다.

독일상공회의소에 위치한 '성공요소 가족' 네트워크사무소(Netzwerkbüro)는 회원들에게 가족친화 인사정책과 관련된 정보를 제공하며 회원들의 허브 역할을 한다. 특히 소규모 및 중소기업들이 다른 기업의 담당자와 경험을 공유할 수 있도록 중개하고, 가족친화적인 환경이 중소기업과 다양한 산업 분야에서 어떻게 실현가능한지를 알려준다. 무료회원가입을 통해 고용주에게 일·가정 양립에 관한 독일 최대의 정보와 교류 플랫폼에 접속할 수 있는 기회가 제공된다. 이 기업지원 프로그램은 고용주에게 가족친화적인 직장 생활에 관련된 정보와 가족친화 기업의 성공 사례를 제공함으로써 고용주가 일·가정 양립 제도를 개선하는 데 동기를 부여한다. 또한 근로시간 조정, 기업문화, 아버지 친화적인 인사 정책 및 인사 마케팅과 같은 주제에 대한 다양한 실제 사례, 연구보고서 및 기업체크(UnternehmensCheck) 안내서 뿐 아니라 지역 및 국가 간 행사를 통해 가족친화 인사정책에 대한 경험을 교류하는 기회를 제공한다(DIHK, 2022).

□ **우수 성공사례**[13]

'성공요소 가족'은 홈페이지를 통해 우수 성공사례를 소개하고 있다. 근로자의 수에 따라 4가지 유형으로 구분하였으며 주요 사례는 다음과 같다.

13_ 해당 절은 BMFSFJ의 가족친화적 기업 사례를 참고하여 작성함.

① 근로자 1,000명 이상의 대기업: 리겐스부르크의 대학병원

2020년 3월 약 5,000명의 직원을 보유한 레겐스부르크 대학병원(Universitätsklinikum Regensburg)은 레겐스부르크에 위치하며, 인근 지역의 주요 고용주 중 하나이다. 종사자들의 일·가정 양립을 위해 개별적으로 800개 이상의 근무조정 모델을 운영하고 있다. 또한 자녀가 있는 종사자들을 위해 병원에서 가까운 곳에 위치한 유치원과 어린이집, 가족 돌봄을 위한 유연한 근무시간, 그리고 추가 교육을 위한 휴가도 제공된다. 특히 직원 자녀들의 방학 동안 운영되는 아동 돌봄은 직원들로부터 매우 긍정적으로 평가되고 있다.

많은 직원들은 가족 의무 때문에 완전한 근무를 하지 못하거나 근무시간을 특정한 시간대로 제한할 수밖에 없다. 이러한 상황을 완화하기 위해 레겐스부르크 대학병원은 간호인력에서 '인력 풀(Personalpool)'과 '유연 인력 풀(Personalpool Flexi)'을 개발하였다. 이 두 '풀(Personalpool)'은 간호사들에게 개별적인 가족 필요에 따라 근무 일정을 조정할 수 있는 기회를 제공한다. 그러나 '인력 풀(Personalpool)'에 참여하기 위한 기본 조건은 조기 근무와 늦은 근무, 그리고 한 달에 한 번의 주말 근무가 가능하여야 한다. 이 두 풀 제도를 운영함으로써 인력 확보와 직원들의 필요와의 균형을 맞출 수 있게 되었다. '유연 인력 풀'에서는 유연성이 중요시되며, 직원들은 자신의 가능한 시간에 따라 개별적으로 근무시간과 근무일을 결정할 수 있다. 풀 조직 운영 이후 육아휴직을 마치고 복귀한 직원들도 원활한 근무가 가능하다.

레겐스부르크 대학병원은 근무시간을 직원들의 필요에 따라 유연하게 조정함으로써 직원들의 직무 동기를 높이고 충성도가 향상된 것으로 파악하였다. 또한 이를 통해 직원들이 가족과 직업을 잘 조화시킬 기회가 제공되어 고급 기술능력이 있는 전문인력을 확보하는 데 도움이 된다고 믿고 있다.

② 근로자 251~1,000명 규모의 기업: 라인-발 대학의 유니키타

라인-발 대학교(Universität Rhein-Waal)는 노르트라인-베스트팔렌(Nordrhein-Westfalen)주에 위치하며 직원 수는 450명, 학생 수는 약 7,300명이 등록되어 있다. 라인-발 대학교는 학생과 직원들에게 아동돌봄서비스를 제공함으로써 일·가정과 학업·가정의 균형을 유지할 수 있도록 도움을 주는 것을 목적으로 한다.

라인-발 대학은 학생들의 학습 능력과 직원들의 근무능력을 개선하기 위해서 가족친화적인 환경이 매우 중요하다고 판단하고 있다. 라인-발 대학교의 평등담당관인 Stefanie Aunkofer에 따르면 이러한 노력이 성공하기 위해서는 첫째, 우선 유사한 상황에 있는 다른 기업이나 고용주들과 네트워크를 형성하여 서로 의견을 교환하고 법적으로 가능한 것들을 우선 확인하는 것이 중요하다. 둘째, 필요한 지식과 전문성을 갖춘 경험 있는 기관과의 협력을 통해 지원을 받는 것이 필요하다.

③ 근로자 51~250명 규모의 기업: 사회복지기관(Lebenshilfe Langenhagen Wedemark)

아동, 청소년 및 사회통합을 지원하는 사회복지기관 Lebenshilfe Langenhagen Wedemark은 니더작센(Niedersachsen)주에 위치하며 직원 수는 200명이다. 이 기관은 직원들에게 직무공유(Jobsharing), 재택근무(Homeoffice), 유동적 근무시간(Gleitzeit), 플로팅 협약(Floating-Vereinbarung) 등 유연한 근무를 선택할 수 있도록 한다.

이 기관의 구체적인 사례로 한 어머니근로자의 경력경험을 소개하고자 한다. Diana Kortmann은 첫 번째 부모시간 동안 주 5시간의 미니잡(Minijob)으로 이 기관에 입사하였다. 두 번째 부모시간 이후 Kortmann은 주 16.5시간으로 다시 근무를 시작하였다. Kortmann은 더 많은 책임 있는 업무를 맡고 싶었지만 전일제 근무를 하고 싶지 않아 직무공유를 선택하였다. 이 경우 풀타임 업무는 최소 두 명의 직원에게 분담된다. Kortmann은 일·가정 양립을 위해 재택근무, 선택적 근로시간(Gleitzeit) 또는 플로팅합의(Floating-Vereinbarung)와 같은 추가적인 근무유형을 선택할 수 있었다. 플로팅합의에 따라 근로자는 아동보육시설의 운영시간과 직원의 시간에 따라 근무시간을 20~25시간으로 조정할 수 있다.

이 기관에는 콤비-잡-근무유형(Kombi-Job-Modell)도 선택 가능하다. 근로자가 근무시간을 더 늘리고 싶을 경우 직원들은 두 개의 다른 시간제 직무에서 원하는 총 근무시간을 달성할 수 있다. 예를 들어 전문대학 졸업자인 젊은 여성이 전일제 근무를 원할 경우 한 부서에서 20시간 근무하고 나머지 18시간은 다른 부서에서 근무할 수 있다.

④ 근로자 50명 이하의 소기업: 가구 제조업체 SMV Sitz- & Objektmöbel GmbH

이 가구 제조업체는 노르트라인-베스트팔렌(Nordrhein-Westfalen) 주에 위치하며 직원 수는 37명이다. 아들과 함께 가족 소유의 소기업을 운영하는 여성 사장 Inge Brünger-Mylius는 직원들의 자녀 양육과 근무 시간을 조화할 수 있도록 지원한다. Brünger-Mylius는 가족중심적 접근은 일상적으로 실천되는 기업문화이며 또한 전문인력을 채용할 수 있는 전략이라고 강조한다.

이 기업에서는 시간제 근로와 선택적 근로 외에도 유연한 근무시간과 휴식시간이 가능하다. 자녀를 위한 별도의 놀이방을 운영하고 있어 근로자들은 시간을 더욱 자유롭게 조절할 수 있다. 어린 자녀들은 언제든지 부모를 동반할 수 있다. 많은 업무영역에서 근로자들은 자신의 근무 장소를 자유롭게 선택할 수 있으며, 필요한 경우 재택근무도 가능하다. 또한 근로자가 원하는 경우 주간 근무시간을 축소할 수도 있다.

가족기업이기 때문에 직원들과 함께 개별 직원의 상황에 따라 근무 모델을 결정하는 것이 가능하다. 또한 이 기업은 이미 갖춰진 가족친화적인 구조를 통해 부모시간 시작 전에 이미 복귀 계획을 세우거나 자녀를 위한 보육시설을 찾는데 도움을 주고 있다 이 기업의 경영진들도 직접 가족친화적 제도를 활용하여 모범을 보여주고 있으며, 편부모 근로자들의 유연근무모델에 대한 만족도는 매우 높다.

04
가족친화 인증제도

독일은 기업 및 공공기관과 대학을 대상으로 가족친화성을 인증하는 제도를 시행한다. 이 인증제도는 독일 연방가족부와 헤르티에 공익재단(Hertie-Stiftung)이 공동으로 운영한다. 인증 평가주체는 '직업·가족감사센터(Audit Berufundfamilie)'이다. 직업·가족감사센터는 1998년 헤르티에재단이 설립하였으며 평가기준과 지표개발, 가족친화 기업 인증 업무를 전반적으로 책임지고 있다. 직업·가족감사센터는 기업이 가족과 직업의 조화를 촉진하기 위한 정책과 조치를 시행하고, 가족친화적인 작업환경을 조성하기 위하여 노력하는 기업들을 인증한다. 이를 통해 기업은 가족 친화적인 이미지를 구축하고, 잠재적인 근로자들에게 더 매력적인 직장으로 인식되기도 한다.

직업·가족감사센터는 기업의 가족 및 생애주기에 대한 인식을 조사하고, 기업마다의 잠재력을 체계적으로 개발하며, 목표에 대한 구체적인 합의를 통해 가족의식을 조직 문화에 정착시킨다. 이 과정을 성공적으로 완료한 후에는 경제, 과학, 정치 및 관련 협회 대표자들이 참여하는 독립적인 심의 기구가 인증을 부여한다.[14]

가족친화기업 인증은 크게 가족친화적 제도 도입 및 시행여부에 대한 평가, 근로자와 기업 간의 상담(Dialog)에 대한 평가, 가족친화 기업문화에 대한 평가 단계로 나뉜다. 가족친화 제도 실행여부 외에 상담프로그램과 기업문화에 대한 평가가 중요한 부분을 차지한다. 여건과 상황에 따라 근로자의 욕구가 다를 수 있기 때문에 근로자와의 지속적인 상담을 통해 필요한 가족친화제도가 시행되었는지를 파악하는 것이다. 또한 근로자가 가족친화적 서비스를 이용할 때 특별한 어려움이나 부당한 대우를 받지 않는 환경을 조성하는 것이 중요한 요인으로 평가된다.

개별 기업과 공공기관의 신청으로 인증절차가 시작되며 대략 3개월 정도의 평가 작업을 거쳐 인증을 수여하게 된다. '직업·가족서비스 유한회사(Berufundfamilie Service GmbH)'는 가족친화 인증을 받은 기업이 요구되는 사항을 잘 실행하고 있는지 매년 확인한다. 3년 후에는 재인증을 통해 추가적인 인사 정책의 목표를 합의할 수 있다. 재인증에 성공한 경우에만 고용주는 가족친화인증을 유지할 수 있다.

14_ 가족친화기업 인증제도에 관한 내용은 가족친화 감사센터의 홈페이지의 내용을 참고함.

독일의 가족친화 인증이 한국과 큰 차이를 보이는 것은 대학교도 가족친화 인증을 받을 수 있다는 것이다. 독일의 대학, 고등 교육기관 및 아카데미는 '가족친화 대학 감사'제도를 통해 학습 및 근무 조건을 가족 친화적으로 개선하기 위해 적극적으로 노력하고 있다. 가족친화 대학 감사 도구는 트리어 대학(Universität Trier)의 주도로 헤르티에 공익재단과 협력하여 2001년부터 2004년까지 개발되었다. 가족친화 대학 감사는 독일 대학에서 교직원 인사 및 학생 정책을 위한 대표적인 품질인증서로 인정받고 있다. 가족친화 대학 감사는 학생 및 모든 교직원들이 자격, 직업 및 경력의 조화를 필요에 맞게 발전시키는 것을 목적으로 한다. 감사자는 사전에 조사한 일, 학습, 가정 양립 상태를 기반으로 대학의 이해 관계자들과 함께 가족지향적인 조치와 실행 방안을 마련한다. 설정된 목표와 실행 조치는 목표 동의서에 기록된다. 감사를 받는 대학의 총장은 목표동의서에 서명하고 향후 3년 동안 계획된 조치를 실행하여야 한다.

2023년 6월 13일 가족친화인증을 받은 기업은 140개, 연구소는 148개, 대학은 35개로 총 323개다. 가족친화인증은 다섯 번 인증받은 기업이 81개로 가장 많았으며 대학은 11개였다. 지역별 편차는 상당히 큰 편이다. 16개 주 중 가장 적은 곳이 자르(Saarland)주로 인증받은 기업은 2개에 불과하였으며, 가장 많은 곳은 바덴 뷔르템베르크(Baden-Württemberg)주로 56개 기업과 7개 대학이 인증을 받아 총 63개 기관이 가족친화 인증을 수여했다(Berufundfamilie, 2023). 가족친화인증을 통해 2023년 기준 총 65만 4,400명의 근로자와 46만 5,200명의 학생들이 혜택을 받게 되었다.

[표 8] 인증 현황(2023년 6월)   (단위: 명, 개)

인증수여기관	종사자 수	대학생	합계
기 업	258,200	-	140
연구소	310,000	-	148
대학교	86,200	465,200	35
	-	-	323

자료: berufundfamilie, 2023.

[표 9] 규모별 인증기관 수   (단위: 개)

규모/근로자 수	기업	대학생	합계
0~25명	3	0	3
26~100명	15	0	14
100~500명	98	7	105
501~3,000명	129	18	147
3,001명 이상	43	10	53
	288	35	323

자료: berufundfamilie, 2023.

323개의 인증서 수령기관 중 30개 기관(이 중 3개 대학)이 가족친화 인증을 1회 받았으며, 4회 이상 인증을 받은 219개 기관은 인증서와 함께 특별한 칭호인 프레디카트(Prädikat)를 획득했다. 이중 일곱 번 인증받은 기관도 9개가 있었다. 인증받은 기업을 규모별로 살펴보면 25명 이하의 종사자가 있는 3개의 소기업부터 3,000명 이상의 근로자가 종사하는 53개의 기관(이중 10개는 대학교)까지 다양하다. 근로자 수에 따라 큰 편차를 보이는데 규모가 큰 기관일수록 인증 수여율이 높다.

☐ 대표사례

① IPEX-Bank GmbH를 포함한 KfW 금융그룹

KfW IPEX-Bank GmbH는 KfW(재건을 위한 신용기관, Kreditanstalt fur Wiederaufbau) 금융그룹의 완전 소유 자회사로서 2008년 1월 1일부터 「은행법(Bankgesetz)」에 따라 독립적인 은행으로 운영되고 있다. 주요 업무는 국제 프로젝트 및 수출 금융이며, 은행의 본사는 프랑크푸르트에 위치하고 있다.

KfW 금융그룹은 1948년 설립된 독일 정부 소유의 개발 은행이다. KfW 금융그룹은 연방 및 주정부를 대표하여 전 세계의 경제, 사회 및 환경 생활 조건을 개선하기 위해 노력하는 지원은행으로 2021년 한해에 1,070억 유로의 지원금을 제공하였다. KfW 금융그룹은 사회를 발전시키는 사람, 지방 및 기관을 적극 지원하여 책임을 다하는 은행으로서

의 역할을 수행하는 기관이라는 평가를 받는다. 이 기업의 종사자 수는 2022년 현재 7,984명이다.

KfW 금융그룹과 KfW IPEX-Bank는 일·가정 양립 실현이 기업의 오랜 전통이며 가족 및 생애주기에 대한 인사정책의 중요한 요소로 자리 잡았다. 두 기업 모두 2012년부터 '성별 균형 개념(Gender-Balance-Konzept)'을 시행하여 젠더에 민감한 리더십과 협력 문화를 강화하기 위해 노력하고 있으며 성별 균형 프로젝트(Gender-Balance Projekt)를 시행하고 있다. 성별 균형 프로젝트에 따라 기회평등은 일관되게 촉진되며 되며 부서별 여성의 비율과 명확한 채용 규정을 제시하고 있다. 현재 KfW 금융그룹은 경영진과 고위 전문직에서 여성의 비율이 33%, IPEX는 35.6%로 다른 기업에 비해 높은 편이다. 직원 및 이사회가 '목표-작업-환경(Ziel-Arbeits-Welt)'의 개념을 함께 정의하고 독일 인적자원관리상(Deutscher Personalwirtschaftspreis)을 수상하였다. 리더십 역할에 대한 이해를 돕기 위한 쉐도잉(Shadowing) 및 멘토링 프로그램을 진행하며, 연간 50개 자리 중 3분의 2는 여성을 위해 예약되어 있다. 파트타임 리더십 및 탠덤(Tandem)으로 이뤄진 모델도 시행하고 있다.

또한 직원들의 자기책임 강화와 근무 시간과 장소의 유연성은 출근 중심의 문화에서 성과 중심 문화로의 변화를 이끌어 낸다. 이 기업들은 일·가정 양립을 위한 다양한 제도를 근로자들의 필요에 맞춰 확대해나가고 있다(KfW, 2023). 실제로 프랑크푸르트 본사는 현재 45

명 정원의 어린이 보육시설(방과 후 보육시설 포함), 66명 정원의 사내 유아 보육시설 및 10명 정원의 사내 유치원을 운영하고 있으며 pme Familienservice의 키타 및 돌봄 정보, 긴급 돌봄 매칭 서비스를 제공한다. pme Familiensesrvice는 독일에서 700개 이상의 기업, 공공기관 및 협회를 대상으로 아동돌봄과 노인돌봄을 제공하는 기업이다. 모든 지점에는 백업 센터(Backup-Center)/방학 돌봄 및 부모-아동-사무실(Eltern-Kind-Buro)가 있다. 부모-아동-사무실은 직원들이 긴급한 상황에 처한 경우 자녀를 직장에 데리고 와서 함께 업무를 수행할 수 있는 공간이다. 부모가 사무실에서 일하는 동안 아이들은 같은 공간에서 다양한 활동을 할 수 있다. 또한 돌봄 안내서 제작, 체크리스트, 비상 파일 및 정보 세미나와 함께 폭넓은 정보(기업 외부 무료 상담, 정기적인 KfW 금융그룹 시설 내 상담, 교육 프로그램 등)를 제공하는 등 가족 구성원의 돌봄과 관련하여 다양한 방법으로 지원한다.

KfW 금융그룹은 일·가정 양립을 고려한 인사정책을 촉진하기 위해 탄력적 근무유형에 대한 책임 있는 접근 방식 구축, 다양한 서비스를 통해 직업적 목표와 가족적 책임의 조화를 이룰 수 있도록 성별 구분 없이 모든 근로자 지원 확대, 사내 건강관리(BGM) 프로그램 계속 제공, 내부 및 외부 정보 및 커뮤니케이션 지원을 계속해 나갈 계획이다.

② 트리어 대학교

트리어 종합대학교는 1473년 독일에서 가장 오래된 트리어시에 설립되었다. 2022년 현재 1만 1,100명의 학생이 있으며 2019년 현재 2,133명의 교직원이 근무하고 있다. 이 중 153명이 교수이다.

트리어 대학은 2002년 처음 가족친화 인증 감사를 받을 때부터 대학의 '관리 및 협력에 대한 원칙(Grundsätze zur Führung und Zusammenarbeit)'에서 가족 중심적인 인사조직문화를 촉진하고 여성과 남성의 다양한 상황과 요구에 민감하게 대응할 것을 강조했다. 2001년 트리어 대학은 독일 대학으로는 최초이자 유일하게 가족친화 대학 인증을 받았다. 이후 정기적으로 구조화된 재인증 절차를 통해 2023년 대학으로는 유일하게 8회 연속 가족친화 인증을 받았다.[15]

2002년 첫 인증 과정 중에 트리어 대학은 "가족은 사람들이 서로를 장기적으로 책임지는 모든 곳에 있다. 현대사회는 가족의 형태가 매우 다양하며, 사회적 네트워크로서 모든 사적인 공동생활을 포괄한다. 가족은 경제적인 중요성과 더불어 아이들과 병들고 돌봄을 필요로 하는 사람들을 보호하고 돌보는 역할을 담당한다."라고 가족의 개념을 정의했다. 이 개념은 트리어 대학기 가족 중심적인 노력을 하는 데 기초를 제공한다.

2020년 재인증 과정에서 트리어 대학은 다음과 같은 목표를 설정하

15_ 트리어 대학교의 가족친화인증과 관련된 내용은 대학교의 홈페이지를 참고하여 정리함.

였다. 우선 트리어 대학은 학생, 연구원 및 모든 부서의 직원들에게 자격증이나 직업과 가족을 조화롭게 할 수 있는 학업 및 근로환경을 제공하는 것을 목표로 한다. 대학은 폭넓은 가족 개념을 바탕으로 대학구성원들의 실제 생활을 고려하며 이러한 약속을 이행한다. 또한 트리어 재인증 과정에서 수립된 행동 프로그램을 시행함으로써 가족지향적인 문화가 안정적으로 자리 잡을 수 있도록 노력한다.

트리어 대학은 자녀가 있는 학생부모와 자녀가 있는 교직원, 방문객을 위한 임시 돌봄, 외국 학자 및 유학생과 가족 등 다양한 대상을 위한 가족친화제도를 운영하고 있다.

- **자녀가 있는 학생를 위한 제도**

자녀가 있는 학생은 학업계획 조정 및 상담을 받을 수 있다. 임신한 학생 또는 아이돌봄을 위해 더 많은 시간을 투자하고 싶은 학생을 위한 휴학 제도를 운영한다. 또한 부모학생 또는 임산부학생을 배려하여 강의 수강자 수가 제한된 경우 우선권 제공, 임신이나 아이돌봄으로 인해 시험을 연기하거나 과제 제출 기한을 연장하는 등의 조치를 허용한다. 대학 내 11곳에서 상담서비스를 이용할 수 있다.

부모학생은 가족을 위한 경제적 지원으로 기본적으로 지급되는 모성수당, 부모수당, 아동수당, 양육비선불금, 사회법전 제2권에 따른 지원금 외에 부모학생을 위한 주거급여가 지급 가능하다. 이 밖에 주 재단 '어려움에 처한 가족(Familie in Not)'과 연방재단 '어머니와 아이 - 태아 보호(Mutter und Kind - Schutz des ungeborenen Lebens)'으로부터 추가적인 지원을 받을 수 있다. 부모학생을 위한 특별 지원으로 연방교육촉진법(Bundesausbildungsforderungsgesetz)에 따라 임신 및 육아 관련 지원과 다양한 장학금(편부모 지원, 재진학 지원, 박사과정 지원, 교수과정 지원 등)을 받을 수 있다. 트리어 대학생 지원 기구(Studierendenwerk Trier)와 학생단체 사회기금(Sozialfonds der Studierendenschaft)으로부터의 경제적 지원도 가능하다.

캠퍼스 내 돌봄시설인 '벼룩서커스(Flohzirkus)'에서는 트리어 대학의 학생들과 교직원들이 서로의 자녀를 돌본다. 일반적으로 6개월 이상의 아동을 돌보지만 특별한 경우 이보다 더 어린 아동 돌봄도 가능하며, 긴급한 상황에도 돌봄이 가능하다. '키타 모임(KITA im Treff)'은 대학 바로 옆에 위치하고 있으며 76명 정원의 전일제 돌봄 시설도 이용가능하다. 대학 인근 정규 보육 시설, 아동주간보호, 트리어시와 트리어-자르부르크(Trier-Saarburg) 지역의 아동 돌봄기관과 연계하여 돌봄자리 확보를 지원한다.

대표적인 가족친화적 인프라로는 기저귀 교체 및 수유 시설, 부모-자녀-작업실, 학생복지기관의 가족친화 프로그램, 학생부모를 위한 기숙사 등이 있다. 부모학생에게는 주거자격바우처(Wohnberechtigungsgutschein)를 제공함으로써 사회주택을 임대할 수 있도록 한다.

• **자녀가 있는 교직원을 위한 제도**

 탄력적 근무에 관한 규정은 트리어 대학의 내부 근무시간 조정에 관한 근무협정(Dienstvereinbarung)에 명시되어 있으며 교수진을 제외한 모든 직원에게 적용된다. 가족 사정으로 인한 단시간 근무, 교대로 이뤄지는 재택근무 또한 가능하며 부모-자녀-작업실은 학생 뿐 아니라 교직원도 이용 가능하다. 자녀가 질병에 걸려 치료를 필요로 할 경우 아동돌봄 질병수당이 지급되며 휴직도 가능하다.

 자녀가 있는 교직원을 위한 현금급여 및 지원으로는 모성수당, 아동수당, 아동추가보조금, 부모수당, 양육비 선불금, 아동돌봄 질병수당이 있으며 아동돌봄 시설은 부모학생과 동일하다. 다만 교직원을 위해서 '임시 공간(ad hoc Raum)'에서의 아동돌봄이 가능하다. 이 임시 돌봄은 일반적인 보육 시설(유치원, 어린이집, 학교 야간 돌봄, 일용직 돌보미 등)을 이용할 수 없어 근무에 어려움을 겪는 경우, 트리어 대학의 교직원으로서 아동 돌봄을 신청할 수 있다. 돌봄이 필요한 경우, 반드시 전날 오후 10시 전까지 비트부르크 지역의 Caritas 가족 서비스로 전화하여 등록해야 한다. 이용비용은 시간당 5유로이다.

• **방문객의 자녀를 위한 임시 돌봄**

 트리어 대학에 학회, 워크샵 또는 면접 등에 참석하는 목적으로 방문할 경우 카리타스 가족서비스 제공 자격을 갖춘 직원들이 아이들을 돌본다. 이용비용은 시간당 20유로이다.

- **외국 학자 및 유학생과 가족을 위한 제도**

국제 사무실(International Office)은 트리어 대학에서 연구, 교육 및 학업을 이루고자 하는 국외 학자들 및 유학생들과 그들의 가족들을 위한 중심적인 상담기관이다. 국제 경험을 계획하는 학생들 및 대학의 모든 교직원들도 이 상담기관을 이용할 수 있다.

05
최근 동향

2019년 가족친화기업 모니터링 보고서(Unternehmensmonitor Familienfreundlichkeit 2019)에 따르면 가족친화적인 근로환경은 기업에게 날이 갈수록 더 중요해지고 있는 것으로 보인다. 가족친화적인 근로환경의 중요성을 인식하는 인사 담당자의 수는 점점 더 많아지고 있으며, 현재 미혼이거나 가족 돌봄 의무가 없는 직원들도 직장에서 가족친화적인 환경을 중요시 여기고 있는 것으로 나타났다. 직원의 전체 경력 기간 동안 다양한 욕구를 고려하는 생애주기 지향적인 인사 정책은 특히 자녀가 있는 직원과 돌봄을 필요로 하는 가족구성원의 다양한 욕구를 고려하는 것이 기업의 중요한 성공 요소가 되고 있다.

최근 가족친화적인 기업문화를 갖춘 기업의 비율은 증가한 것으로 나타났다. 그러나 기업이 의도한 가족친화성과 직원들이 체감하는 가족친화성 사이에는 여전히 차이가 있다. 직원들이 자신이 다니고 있는 직장의 인사정책을 가족친화적으로 인식하는 정도는 직무와 가족친화적인 조치에 대한 접근가능성에 따라 달라진다. 가족친화적 제도를 이용함으로써 직장에서 불이익을 받을 가능성에 대한 우려는 가족친화적 제도 이용에 여전히 영향을 미치는 것으로 나타났다(Hammermann et al., 2019).

남성들의 일·가정 양립에 대한 민감성은 기업에서 증가하고 있다. 남성근로자 지원을 위한 기업의 참여가 최근 크게 증가했다. 대부분의 경우 가족친화 기업문화는 남성근로자들의 지원을 위한 조치를 적극적으로 확대함으로써 향상된다. 따라서 이러한 기업문화는 가정 내 역할 모델의 변화에도 기여할 수 있을 것으로 기대된다(BMFSFJ, 2019b).

기업의 가족친화제도는 2015년 대비 상당 부분 확대되었다. 예를 들어 근무시간의 개인화, 부모시간 동안의 단시간근로 또는 단계별 고용, 그리고 자녀나 수발이 필요한 가족을 돌보기 위한 휴가 등이 포함된다. 다양한 가족친화 제도는 기업의 가족친화성이 인사 담당자들에게 상당히 중요하다는 것을 보여준다. 10명 중 9명의 근로자들은 자신의 근무시간이 가족 및 사회적인 의무들과 매우 또는 적절히 조율 가능하다고 인식하고 있다. 특히 가족친화 기업문화를 갖춘 기업에서는 이 비율이 약 97%에 이른다. 단시간 근무자들의 경우 전일제 근로자들에 비해 근무시간과 가족의무들의 조화를 조금 더 쉽게 이룰 수 있는 것으로 나타났다. 근무시간에 대한 근로자들의 높은 만족도는 최근 몇 년 동안 탄력적 근무시간 모델의 보급이 증가한 덕분이라고 추측할 수 있다. 또한 이런 높은 만족도는 근로자들의 선호도에 맞게 자신들의 생활 상황에 적합한 근무 조건을 선택할 수 있는 다양성의 표현이라고도 이해할 수 있다(Hammermann et al., 2019). 2015년 이후 원격근무는 꾸준히 증가하는 추세를 보인다. 코로나19 이전 2018년에도 유연하고 이동이 가능한 근무는 앞으로 근로자들과 기업들에게 더 확대 가능한 근무유형으로 판단되었다(BMFSFJ, 2019a).

4장

독일 사례가 한국에 주는 시사점

독일은 유럽국가 중 출산율이 낮고 고령화 속도가 가장 빠른 국가였다. 전통적으로 경제적인 지원을 통해 성별 분업적으로 가족을 지원해오던 독일은 2001년부터 저출산 문제 해결을 위해 일·가정 양립 정책을 확대하기 시작하였다. 이와 더불어 연방정부는 보육시설 확충을 위해 특별법을 제정하여 지방자치단체, 민간기업, 노동계와 함께 대대적인 노력을 하였다. 2007년부터 부모수당과 부모시간을 시행하면서 남성의 육아참여율이 갈수록 증가하고 있는 것은 독일이 가족정책의 패러다임 전환에 성공한 것을 보여주는 것이라 할 수 있다. 또한 독일은 노동인력, 특히 전문인력 부족문제를 해결하기 위하여 최근까지 외국인 노동자가 '쉽게' 이주하고 독일 사회에 통합할 수 있도록 관련법을 제정하는 등 적극적인 이주정책을 시행해왔다. 독일이 그동안 저출산 문제를 해결하기 위하여 시도한 정책을 토대로 한국에의 시사점을 정리하면 다음과 같다.

첫째, 아버지 육아 동참에 대한 인식 전환의 필요성이다. 독일에서 '육아휴직'을 '부모시간'으로 명칭을 변경한 배경에는 육아가 단순히 '휴직'을 필요로 하는 것이 아니라 사회적으로 인정받아야 할 '기여'라는 점과 아버지의 육아참여의 중요성을 강조하기 위함이었다. 즉, 아버지가 자녀 출산 이후 의무적으로 '부모시간'을 갖도록 하는 것은 자녀 출생 이후 배우자와 함께 아이와 교감하고 성장하는데 동참할 수 있는 기회를 제공하는 것이다. 한국도 일·가정 양립, 가사 분담 등에 대한 사회적 인식이 어느 정도 개선되었으나 노동시장 현장에의 실질적인 변화는 미흡하다.

둘째, 남성 육아휴직의 의무화이다. 성평등적인 일·가정 양립 정책을 성공적으로 실현하기 위해서는 아버지가 육아에 참여하는 것을 선택이 아니라 제도적으로 의무화할 필요가 있다. 아버지의 양육 참여가 없다면 자녀 양육을 전담해야 하는 여성은 출산을 선택하는데 어려움이 있을 수밖에 없다. 전통적으로 남성부양체계를 강조해온 가족주의 국가인 독일도 아버지의 육아휴직을 의무화함으로써 아버지의 부모수당 이용률과 부모시간 참여율을 높였다. 따라서 아버지의 육아휴직을 의무화함과 동시에 부모가 동시에 휴직하여 자녀를 함께 양육할 기회를 제공하는 것도 고려할 필요가 있다고 판단된다.

셋째, 출산 후 여성의 고용 보장이다. 독일 가족정책의 핵심 중 하나는 자녀 출산 후 여성의 빠른 노동시장으로의 복귀이다. 독일에서는 육아휴직 기간 동안 부모는 해고로부터 보호받으며, 부모시간 종료 후 이전의 근무로 복귀할 수 있는 권리가 보장된다. 즉, 여성이 출산을 하더라도 직장에서의 불이익이나 경력단절을 두려워 할 필요가 없다. 독일 민간기업의 가족친화정책 성공사례에서도 보았듯이 출산 후 노동시장에 복귀한 어머니들은 다양한 유연근로를 활용하여 전일제 취업자로서 경력을 쌓을 수 있는 기회가 보장된다. 유연근로제가 성공할 수 있기 위해서는 중앙정부의 적극적인 노력과 기업의 자발적 참여가 절실하다.

넷째, 보육시설의 확충이다. 독일의 가족정책이 성공할 수 있었던 또 하나의 중요 요인은 정부의 주도 하에 전국적으로 보육시설을 확대한 것이다. 우리나라의 경우 아이를 낳아도 맡길 곳이 마땅치 않은 것이 현실이다. 특히 여성근로자의 육아를 지원하기 위한 돌봄 인프라를 구축하고 전일제학교와 같은 기관에서 아동 및 청소년에게 다양한 교육 프로그램을 제공할 필요가 있다. 또한 긴급한 상황이 발생한 경우에 대비하여 아동돌봄서비스가 제공될 수 있는 체계를 갖추어야 한다.

다섯째, 지역가족연합 네트워크는 독일 연방가족부의 주도로 전국에 확대되어 활발히 운영되고 있다. 그러나 핵심 주체는 지방자치단체와 지역사회에서 활동하고 있는 여러 시민단체와 복지단체 그리고 민간기업이다. 가족친화적인 환경은 지방자치단체의 주도 하에 독일의 지역가족연합과 유사한 지역사회 중심의 네트워크가 형성되고 자발적 참여를 통해 그 역할을 확대해 나갈 필요가 있다. 이러한 네트워크가 성공할 수 있기 위해서는 노사의 적극적인 협력도 중요하다.

　여섯째, 이민정책은 사회통합을 우선으로 하여야 한다. 이민정책은 인구정책의 중요한 요소이다. 이미 오래전부터 외국인 노동력을 수용해 온 독일은 사회보장제도의 지출 증가와 사회갈등 확산 등을 경험하였다. 이와 같은 사회문제를 예방하고 해결하기 위하여 독일은 이주배경 가족들을 독일 사회에 통합하는데 중점을 두고 있다. 독일 가족정책의 대상에는 이민자도 포함된다. 특히 이주배경 어머니들의 노동시장 참여를 독려하기 위하여 연방정부뿐만 아니라 지역가족연합 네트워크를 통해 지역사회 내에서도 적극적으로 노력하고 있다. 2022년 9월 말 기준 법무부 출입국 관리 통계에 따르면 한국의 체류 외국인은 217만 2,000여 명으로 전체 인구의 4.3%이다. 이로써 한국은 전체 인구 대비 외국인이 5% 이상인 '다문화사회' 진입을 앞두고 있다. 지금까지 한국은 단순노무직종에서의 노동력 부족을 해결하기 위해 이주노동자를 도입해 왔다. 그러나 앞으로 고임금 분야의 산업에서 전문성을 갖춘 외국 인력이 필요할 것으로 예상된다. 그러므로 앞으로 이민정책의 목표와 나아갈 방향을 명확히 설정할 필요가 있다. 한국도 독일처럼 단순 노무직 외국인의 수용을 넘어 이주배경 가족과 내국인과의 문화적 교류를 가능하게 함으로써 한국 사회에 통합할 수 있도록 노력하는 것이 요구된다.

　마지막으로 기업의 가족친화정책 활성화이다. 독일 정부는 일·가정양립 지원을 위해 근로자에게 다양한 경제적 지원과 육아휴직 기간 후 직장에 복귀할 수 있는 권리를 보장하고 있다. 이러한 일·가정 양립 정책이 성공할 수 있었던 것은 기업의 참여가 있었기 때문이다. 독일에는 한국과 유사한 가족친화기업 인증제도가 있다. 가족친화기업으로 인증을 받을 경우 기업은 이미지 제고, 생산성 향상, 우수 인재 확보 등을 통해 경쟁력을 강화할 수 있다. 그러나 가족친화 인증제의 신뢰성을 확보하기 위해서는 독일처럼 인증기업에 대한 지속적인 사후관리가 동반되어야 하며, 주기적으로 재평가를 진행하여야 한다.

참고문헌

국내문헌

남현주(2020), "복지국가의 육아휴직제도의 변화와 시사점: 영국, 독일, 스웨덴을 중심으로," 「인문사회21」, 제11권 2호, pp.871-884.
이상림(2013), "해외의 인구전략과 정책과제," 「보건복지포럼」, 한국보건사회연구원.
이정우(2013), "독일의 외국인에 대한 사회복지제도 적용체계와 정책적 시사점," 「사회보장연구」, 제29권 제3호, pp.299-327.
전기택·박수범·신우리·김수진(2021), "2021년 기업 및 공공기관의 가족친화수준 조사," 여성가족부.
통계청(2023), 「인구동향조사」.

국외문헌

berufundfamilie(2023), Statistische Angaben zu den Zertifikatsempfängern.
BfA(2022), *Migration und Arbeitsmarkt*, Statistik.
BMFSFJ(2004), "Lokale Bündnisse für Familie," Informationen zur Initiative.
BMFSFJ(2017), Vereinbarkeit für Eltern partnerschaftlich gestalten: Lokale Bündnisse für Familie machen es vor.
BMFSFJ(2019a), "Familie heute. Daten, Fakten, Trends," *Familien report 2020*.
BMFSFJ(2019b), Agenda 2030: Nachhaltige Familienpolitik.

BMFSFJ(2019b), Familienfreundliche Unternehmenskultur: Der entscheidende Erfolgsfaktor für die Vereinbarkeit von Familie und Beruf.

BMFSFJ(2020a), Der Unterhaltsvorschuss: Eine Hilfe für Alleinerziehende und ihre Kinder.

BMFSFJ(2020b), Gelebte Vielfalt: Familien mit Migrationshintergrund in Deutschland.

BMFSFJ(2021), Ungewollte Kinderlosigkeit 2020.

BMFSFJ(2022a), Elterngeld und Elternzeit: Das Bundeselterngeldund Elternzeitgesetz.

BMFSFJ(2022b), Leitfaden zum Mutterschutz: Informationen für Schwangere und Stillende.

BMFSFJ(2022c), Lokale Bündnisse für Familie – Mit Kraft. Mit Ideen. Miteinander.

BMFSFJ(2023), Unternehmensnetzwerk "Erfolgsfaktor Familie" – Erfahrungen teilen, Ideen entwickeln.

BMG(2022), Zahlen und Fakten zur Pflegeversicherung.

BPB(2022), Demografischer Wandel. izpb. Nr. 350. Bonn: bpb.

Bujard, M.(2022a), Warum der demografische Wandel uns alle betrifft, Informationen zu politischen Bildung, Vol.350, 2022, pp.4-11.

Bujard, M.(2022b), Der demografische Wandel in Deutschland, Informationen zu politischen Bildung, Vol. 350, 2022, pp.12-22.

Bujard, M.(2022c), Die Ursachen der Geburtenentwicklung, *Informationen zu politischen Bildung*, Vol. 350, 2022, pp.38-47.

Bundesregierung(2022), Entwurf eines Gesetzes zur Regelung eines Sofortzuschlages für Kinder und einer Einmalzahlung an erwachsene Leistungsberechtigte der sozialen Mindestsicherungssysteme aus Anlass der COVID-19-Pandemie, *Drucksache*, 125/22.

Deutscher Bundestag(2018), Bericht über die Auswirkungen der Regelungen zum Elterngeld Plus und zum Partnerschaftsbonus sowie zur Elternzeit. Drucksache 19/400.

Deutscher Bundestag(2021), "Die Entwicklung der Geburtenrate - Einflussfaktoren und mögliche Strategien zur Steigerung," WD 9-3000-117/20.

DIHK(2022), Checkheft familienorientierte Personalpolitik für kleine und mittlere Unternehmen.

FBA(2022), Merkblatt Kindergeld.

Flüter-Hoffmann, Ch. and J. Solbrig(2003), "Wie familienfreundlich ist die deutsche Wirtschaft?" *IW-Trends*, Nr. 4, pp.1-18.

Gerlach, I., H. Schneider, A. K. Schneider and A. Quednau(2013), *Status Quo der Vereinbarkeit von Beruf und Familie in deutschen Unternehmen sowie betriebswirtschaftliche Effekte einer familienbewussten Personalpolitik*.

Hammermann, A. and O. Stettes(2014), Lebensphasenorientierte Personalpolitik: Theoretisches Konzept und empirische Evidenz, *IW-Analysen*, no. 97.

Hammermann, A., J. Schmidt, and O. Stettes(2019). Unternehmensmonitor Familienfreundlichkeit 2019.

KfW(2023), *Nachhaltigkeitsbericht 2022: Daten nach GRI, HGB unnd TCFD*, KfW Bankengruppe.

OECD(2001), Employment Outlook. Paris: OECD.

Statistisches Bundesamt(2019), *Durchschnittliches Alter der Mutter bei der Geburt: Deutschland, Jahre, Lebendgeburtenfolge*, GENESIS-Datenbank.

Statistisches Bundesamt(2023), "Bevölkerung im Jahr 2022 auf 84,3 Millionen gewachsen," url: https://www.destatis.de/DE/Presse/Pressemitteilungen/2023/01/PD23_026_124.html.

Stiegler, B.(2006), *Mutter-Vater-Kinder-Los: eine Analyse des Geburtenrückgangs aus der Geschlechterperspektive*, Friedich-Eert-Stiftung.

Süddeutsche Zeitung(2023), Bevlkerung ini Deutschland auf Rekordstand.

Verbund OM(2023), "Newsletter Verbund Aktuell," *Verbund familienfreundlicher Unternehmen e.V. Oldenburger Münsterland*, II/2023.

저출산에 대응하는 주요 정책 및 지원 프로그램

□ 정부부문

구분	주요 내용
정부지원 법적근거	• 연방부모수당 및 부모시간법 • 연방아동수당법 • 노동·훈련·교육 중인 어머니보호법
재정적 지원	• 부모수당: 자녀출생 전후 수입 차이에 따라 원소득의 65~100%까지 보장. 2명 이상 자녀는 추가지급 • 아동수당: 부모의 소득이나 재산에 상관없이 18세 미만 모든 아동에 지급 (2023년 기준 자녀당 월 250유로) • 아동추가보조금과 교육 및 참여 지원 • 아동긴급추가보조금 • 모성수당 • 양육비선불금(편무모 자녀) • 자녀세액공제
보육 및 교육지원	• 어린이집, 아동주간돌봄, 키타
부모시간	• 3~8세 자녀 부모는 주간 각각 최대 32시간씩 근로 • 부모시간 전 14주 간 해고로부터 보호

(2023년 6월 기준)

☐ 민간부문

구분	주요 내용
지역가족연합 네트워크	지역사회 다양한 주체들이 협력하여 가족친화적 환경 조성 • **디엔하임** 　- 주말 근무 노동자 위해 토요일 아동 돌봄 서비스 제공 • **올덴부르그 뮌스터란드** 　- 유자녀 근로자 가구 당 50유로 방학 돌봄 지원 　- 기업에 일·가정 양립 가이드라인 제공 　- 사업장 내 어린이 돌봄 서비스 지원 　- 부모시간 중인 부모에 대한 교육 지원 　- 복귀 여성의 재취업 지원 • **카를스루에 지역가족연합** 　- 남성의 일·가정 양립 인식 증진 교육 • **볼프스부르크 지역가족연합** 　- 중소기업에 일·가정 양립 가이드라인 제공
성공요소 가족 플랫폼	가족친화적 정책의 장점을 기업에 이해시키는 프로그램 • **레겐스부르크 대학병원** 　- 800개 이상의 근무조정 모델 운영(인력풀, Personalpool) 　- 병원 근처 유치원과 어린이집 지원 　- 돌봄 휴가와 유연한 근무시간 • **라인-발 대학의 유나카타** 　- 학생과 직원에게 아동 돌봄 서비스 지원 • **Lebenshilfe Langenhagen Wedemark** 　- 유연한 근무(직무공유, 재택근무, 유동적 근무시간, 프롤팅 협약) 　- 콤비-잡-근무유형 • **SMW Sitz- & Ojectmobel GmbH** 　- 시간제·선택적 근로제, 유연근무제

세계 주요 국가 인구·경제·사회 특성

Country		인구특성					
		합계 출산율 (명)	합계 출산율 (명)	합계출산율의 연평균 변화율2) (%)	인구수 (만 명)	조혼인율 (천 명당, 명)	총인구대비 이민자비율 (%)
		2015년	2021년	2015년~ 2021년	2022년	2020년	2020년
아시아	대한민국	1.24	0.81	-6.8	5,163	4.2	3.0
	이스라엘	3.09	3.00	-0.5	955	5.3(2019)	24.5
	일본	1.45	1.30	-1.8	12,512	4.3	2.2
	중국	1.67	1.16	-5.9	141,218	9.6(2012)	0.1
오세아니아	뉴질랜드	1.99	1.64	-3.2	512	3.3	29.1
	호주	1.79	1.70	-0.9	2,598	3.1	30.3
북미	미국	1.84	1.66	-1.7	33,329	5.1	15.6
	캐나다	1.60	1.43	-1.9	3,893	4.4(2018)	22.2
중남미	멕시코	2.14	1.82	-2.6	12,750	2.6	0.9
	칠레	1.74	1.54	-2.0	1,960	3.2(2019)	8.4
	코스타리카	1.79	1.53	-2.6	518	3.7	10.1
	콜롬비아	1.86	1.72	-1.3	5,187	-	3.7
남서유럽	그리스	1.33	1.43	1.2	1,057	2.9	13.1
	네덜란드	1.66	1.62	-0.4	1,770	2.9	14.2
	독일	**1.50**	**1.58**	**0.9**	**8,408**	**4.5**	**18.6**
	룩셈부르크	1.47	1.38	-1.0	65	2.9	47.3
	벨기에	1.70	1.60	-1.0	1,167	2.8	17.5
	스위스	1.54	1.51	-0.3	877	4.1	29.1
	스페인	1.33	1.19	-1.8	4,762	1.9	15.0
	아일랜드	1.85	1.72	-1.2	509	1.9	17.6
	영국	1.80	1.53	-2.7	6,697	3.7(2019)	14.3
	오스트리아	1.49	1.48	-0.2	904	4.4	19.5
	이탈리아	1.36	1.25	-1.4	5,886	1.6	11.0
	포르투갈	1.31	1.35	0.5	1,038	1.8	9.7
	프랑스	1.93	1.80	-1.1	6,794	2.2	13.0

인구특성	경제특성			사회특성			
고령화율 (65세 이상, %)	1인당 GDP (2015년 실질달러)	경제활동 참가율 (15~64세)	실업률 (%)	여성관리자 비율3) (%)	경제활동 참가율 (15~64세, 여성)	지니계수 (100= 완전불평등)	고숙련근로자 이민매력도4) (10점 만점)
2022년	2022년	2021년	2022년	2019년	2021년	2018년	2021년
17.5	33,645	69.0	2.8	12.3	60.1	31.4(2016)	4.4
12.0	42,594	71.0	3.5	34.5(2017)	69.0	39.0(2016)	5.5
29.9	36,032	80.6	2.6	13.2	73.8	33.9(2015)	3.8
13.7	11,560	75.8	4.9	-	70.8	38.5(2016)	5.5
16.3	42,272	81.9	3.3	-	78.0	34.9(2015)	7.1
16.9	60,798	78.8	3.7	36.6(2016)	74.8	34.4(2015)	7.1
17.1	62,867	72.1	3.6	40.9	67.0	41.4(2018)	7.9
19.0	44,910	79.4	5.2	-	76.1	33.3(2017)	7.0
8.3	9,756	64.3	3.3	35.5	48.4	45.4(2018)	4.8
13.0	14,358	64.3	7.8	26.5	53.8	44.4(2018)	7.7
10.8	13,374	68.2	11.5	-	56.6	-	-
9.0	6,858	69.5	10.7	-	57.1	51.3	4.6
22.8	20,168	66.5	12.2	29.8	59.4	32.9(2018)	3.6
20.3	49,980	82.3	3.5	26.0	78.8	28.1(2018)	8.0
22.4	43,032	78.9	3.0	28.6	75.2	31.9(2016)	6.5
15.0	107,660	74.1	4.7	16.1	71.2	35.4(2018)	7.9
19.7	44,076	70.2	5.6	31.9	66.5	27.2(2018)	5.5
19.3	88,464	83.6	4.2	32.5	79.6	33.1(2018)	9.1
20.3	27,435	73.8	13.0	33.7	69.7	34.7(2018)	5.8
15.1	98,562	74.5	4.4	31.3	69.8	31.4(2017)	7.4
19.2	47,232	77.4	3.6	34.9	74.4	35.1(2017)	6.4
19.8	47,043	77.8	4.7	32.0	73.5	30.8(2018)	6.4
24.1	32,903	64.7	8.1	23.3	55.7	35.9(2017)	4.0
22.9	22,113	75.2	5.8	37.0	72.9	33.5(2018)	5.2
21.7	38,914	73.8	7.4	34.2	71.2	32.4(2018)	5.5

세계 주요 국가 인구·경제·사회 특성

Country		인구특성					
		합계 출산율 (명)	합계 출산율 (명)	합계출산율의 연평균 변화율2) (%)	인구수 (만 명)	조혼인율 (천 명당, 명)	총인구대비 이민자비율 (%)
		2015년	2021년	2015년~ 2021년	2022년	2020년	2020년
북유럽	노르웨이	1.73	1.55	-1.8	546	3.3	15.4
	덴마크	1.71	1.72	0.1	590	4.9	12.5
	스웨덴	1.85	1.67	-1.7	1,049	3.6	19.8
	아이슬란드	1.81	1.82	0.1	38	5.0	17.5
	핀란드	1.65	1.46	-2.0	556	4.0	6.7
동유럽	라트비아	1.70	1.57	-1.3	188	5.6	14.0
	리투아니아	1.70	1.36	-3.7	283	5.5	4.9
	슬로바키아	1.40	1.63	2.6	543	4.4	3.4
	슬로베니아	1.57	1.64	0.7	211	2.5	11.0
	에스토니아	1.58	1.61	0.3	134	4.6	16.1
	체코	1.57	1.83	2.6	1,053	4.2	4.2
	튀르키예	2.15	1.70	-3.9	8,534	5.8	6.9
	폴란드	1.29	1.33	0.5	3,756	3.8	2.2
	헝가리	1.44	1.59	1.7	968	6.9	5.6
Sources		OECD	OECD	OECD 자료 활용 직접 계산	World Bank	OECD	UN

자료: 각 항목별 하단의 자료출처 참고; OECD, Family Database; World Bank, National Accounts Data; UN, International Migrant Stock; IMD, World Competitiveness Yearbook 2021.
주: 1) 국가 나열 순서는 각 대륙별로 국가명의 가나다순.
    2) 2015년과 2021년의 복합연간성장률(CAGR)로 계산.
    3) 각국 전체 중간관리직 이상(seneor and middle management) 근로자 중 여성이 차지하는 비중.
    4) 외국인 고숙련근로자(foreign highly-skilled personnel)이 느끼는 근무환경(business environment) 매력도.
    5) 자료 내 (   )은 해당 값의 조사년도.

인구특성	경제특성			사회특성			
고령화율 (65세 이상, %)	1인당 GDP (2015년 실질달러)	경제활동 참가율 (15~64세)	실업률 (%)	여성관리자 비율3) (%)	경제활동 참가율 (15~64세, 여성)	지니계수 (100=완전불평등)	고숙련근로자 이민매력도4) (10점 만점)
2022년	2022년	2021년	2022년	2019년	2021년	2018년	2021년
18.4	79,639	79.9	3.2	32.8	77.6	27.6(2018)	7.1
20.5	60,113	79.4	4.2	26.6	76.3	28.2(2018)	7.0
20.2	55,482	82.8	7.4	41.9	80.7	30.0(2018)	6.4
15.3	55,887	84.9	3.8	44.0	82.1	26.1(2017)	5.1
23.3	47,088	78.7	6.8	36.8	77.2	27.3(2018)	4.8
21.9	16,947	76.6	6.4	43.5	73.9	34.5	4.6
20.8	18,367	78.8	5.6	38.6	77.8	35.7(2018)	5.1
17.0	18,876	75.1	6.1	33.3	71.2	25.0(2018)	2.6
21.0	26,067	75.7	4.2	40.5	73.4	24.6(2018)	3.1
20.6	21,207	78.9	5.9	35.1	76.7	30.3(2018)	5.6
20.6	20,540	76.8	2.4	26.6	69.8	25.0(2018)	4.5
8.6	13,991	56.3	10.0	17.5	36.7	41.9	3.2
18.6	16,705	72.9	2.6	41.2	66.2	30.2(2018)	3.3
20.0	16,289	76.1	3.4	35.9	71.2	29.6(2018)	3.6
World Bank 자료 활용 직접 계산	World Bank	World Bank	World Bank	IMD	World Bank	IMD	IMD